HANF ALS HEILMITTEL

WICHTIGER HINWEIS

Weder Verlag noch Autor übernehmen jedwede Verantwortung für den unsachgemäßen Gebrauch von Heilmitteln, die im vorliegenden Buch beschrieben sind.

HANF ALS HEILMITTEL
Eine ethnobiologische Bestandsaufnahme
Der Grüne Zweig 154

Autor: Dr. Christian Rätsch
Vorwort: Dr. William A. Emboden, F.L.S.

Satz und Gestaltung: Petra Petzold
Übersetzung des Vorwortes: Werner Pieper
Druck: Fuldaer Verlagsanstalt

Verlegt als Joint Venture der Verlage
Nachtschatten Verlag · Werner Pieper's Medienexperimente
Ritterquai 2-4 · Alte Schmiede
CH-4502 Solothurn · D-69488 Löhrbach

1. Auflage 1992
4., aktualisierte Auflage 1995

ISBN 3-925817-54-9

Für meine Eltern

Dr. Christian Rätsch

Hanf als Heilmittel

Eine ethnomedizinische Bestandsaufnahme

A JOINT VENTURE
NACHTSCHATTEN CH-SOLOTHURN
MEDIENEXPERIMENTE D-LÖHRBACH

DIESES BUCH IST AUF

HANF PAPIER

GEDRUCKT

(50% Cannabis-, 50% deinktes
Recycling-Papier).
1 Tonne Hanf-Papier erspart das
Fällen von 12 ausgewachsenen
Bäumen. So kann für jedes Buch
vom **Grünen Zweig** ein grüner
Zweig im Wald weiterwachsen.
GRÜNE HANF ZWEIGE
gibt es seit 1994.

Wake up to find out that you are
the eyes of the world!

Wacht auf und begreift, daß ihr
die Augen der Welt seid!

Robert Hunter/Grateful Dead
Eyes of the World

Inhaltsverzeichnis

Vorwort

von Dr. William A. Emboden

Die meisten Gelehrten lassen sich heute in zwei Lager einteilen: zum einen jene Wissenschaftler, die Aminosäuren untersuchen um Organismen besser verstehen zu können und zum andern jene synthetischen Forscher, die alle Forschungsergebnisse in ein logisches System der Verallgemeinerung einordnen. Dr. Christian Rätsch gehört zu keiner dieser Gruppierungen. Er ist jener seltenen Spezie zuzuordnen, die mit einem wissenschaftlichen Hintergrund, einem immensen anthropologischen Wissen und einem noch größeren persönlichen Erfahrungsschatz arbeiten. Indem er sowohl wissenschaftlich wie auch schamanistisch vorgeht und allen Regeln normaler Logik und Vernunft trotzt, wirkt er wahre Wunder. Er ist ein Ast jenes Stammbaumes, dem schamanistische Persönlichkeiten wie Bacon, da Vinci, Spinoza und, zumindest in späteren Jahren, Aldous Huxley angehören.

Mit diesem bemerkenswerten Band über Hanf präsentiert Rätsch nicht nur ein weiteres Compendium der Taxonomie, der Biochemie, der Sozialgeschichte, der Psychopharmakologie und der Rechtsgeschichte, hier finden wir erstmals eine originäre Interpretation der Rolle, die diese Pflanze spielt. Dieses Buch ähnelt einer exotischen Biografie eines Mystikers, der seit Jahrtausenden lebt. Diese heilige Pflanze offenbart sich hier in einer Geschichte, die so fasziniert, die uns auf Grund der untadeligen Gelehrsamkeit des Autors schier zwingt, Unglaubliches zu glauben. Belohnt werden wir bei der Lektüre mit Geschichten uralter Rituale, heiliger Schriften und göttlicher Substanzen, von Schamanen und ihrer Macht, von Priestern und Pharaonen, einer exzentrischen Äbtissin und einem Rastafarian und schließlich jener geheimnisvollen Reise ins Selbst.

Christian Rätsch zitiert mit der Ungezwungenheit, mit der man alte Freunde besucht, aus dem Wissen vergangener Jahrhunderte. Wir begeben uns hier auf eine erstaunliche Reise, die uns in die meisten Länder der Erde und durch mehr als 5000 Jahre Menschheitsgeschichte führt. Wir haben Grund zur Annahme, daß Hanf die Milch der Götter an der Wiege der Zivilisation war – Nahrung, Medizin und prophetische Pflanze; eine Pflanze, die sowohl Fasern für Stoffe und Papier liefert, wie auch den Zauberstab für schamanistische Heilungen und Harz zum Verschließen von Wunden abgibt, Kummer dauerhaft vertreibt,

Asthmakrämpfe lindert und als Beruhigungsmittel dient. Lassen sich ähnliche Eigenschaften auch in einer anderen Pflanze finden? Ich bin sicher, daß dies nicht der Fall ist.

Die große Volksheilige, die Äbtissin Hildegard von Bingen, pries Hanf ebenso, wie es die Curanderas in Amerika begehrten. War diese Pflanze das Soma der alten vedischen Überlieferungen oder das Haoma des Iran? Ist der Stab des Asklepios, das Symbol des modernen Mediziners, ursprünglich ein von Schlangen umschlungener Hanf-Strunk gewesen, wie er schon bei den alten Chinesen auftauchte? Was ist mit der aus der Bibel bekannten Rute Aarons? War diese auch ein als Schamanenstab genutzter Hanf-Stengel? Diesen und anderen Fragen wird in diesem Buch nachgegangen. Durch seine gewinnenden Schilderungen gehört es zu den faszinierendsten und informativsten Bänden, die in den letzten Jahrzehnten erschienen sind.

Wenn Sie die Geschichte schätzen, sich für die Kulturen der Welt interessieren, von Magie und ihren Analogien in der Medizin fasziniert sind oder als Wissenschaftler nach einem Kontext suchen, durch den all Ihr Wissen um die Chemie und Pharmakologie verständlich wird, dann gibt es nichts besseres für Sie zu tun, als sich dieses außerordentliche Werk eingehend zu Gemüte zu führen. Selten gelingt es einem Autor, verschiedene Fachgebiete so liebevoll mit Begeisterung und Fachautorität zu verschmelzen. Mir fällt kein anderer Autor ein, der sowohl qualifiziert genug wie auch in der Lage ist, solch ein interdisziplinäres Werk zu verwirklichen. Mehr als nur ein Schamane und sicherlich ein Prophet – Christian Rätsch hat uns einen wertvollen Dienst erwiesen, indem er ein Buch solchen Formats produziert hat.

Wir können uns nur wünschen, daß eines Tages eine Spezial-Edition auf feinstem japanischen Hanf-Papier gedruckt, mit Hanf-Faden genäht und mit einem Hanf-Einband versehen erscheinen wird. Mögen die Winde, die einst die Hanf-Segel der Schiffe in aller Welt vorantrieben, heute zur Verbreitung dieses Buches beitragen.

William A. Emboden
21. Februar 1992

William Emboden (links) mit Christian Rätsch, 1991 (Foto: C. Müller-Ebeling). William A. Emboden, Ph. D., war Professor für Botanik an der California State University in Northridge und ist Fellow of the Linnean Society (London), der wichtigsten botanischen Gesellschaft. Im Zentrum seiner botanischen Forschungen stehen die psychoaktiven Pflanzen, besonders die Seerosen und der Hanf. Er ist Autor unzähliger Fachartikel und vieler Bücher, u.a. *Narcotic Plants*, *Bizarre Plants*, *Leonardo da Vinci on Plants and Gardens* und *Jean Cocteau – Die visuelle Kunst*.

Einleitung

»Der wahre Wissenschaftler
hört auf die Intelligenz der Natur
und sieht die Natur der Sache.«
Anthony G. E. Blake, *Intelligenz Jetzt!*

Die Grundvoraussetzung für eine wissenschaftliche Betrachtung ist die Überwindung von Vorurteilen und ideologisch gebundenen Paradigmen. Der Wissenschaftler muß immer ein offenes Auge bewahren, Neuem gegenüber aufgeschlossen sein und den Mut haben, alte Überzeugungen abzustreifen. Glaubt man, der Hanf sei ein furchtbares »Rauschgift«, das den Genießer »süchtig« und asozial macht, wird man kaum zu einem vertieften Verständnis der Rolle dieser ungewöhnlichen Pflanze gelangen.

Wenn man mit offenen Augen durch die Welt reist, kann man einfach nicht den Blick vor der überwältigenden Fülle medizinischer Anwendungen der Hanfprodukte verschließen. Wenn man die Medizingeschichte aufmerksam studiert, muß man zwangsläufig erkennen, daß es kaum eine andere Heilpflanze gibt, die eine solche Verbreitung und konstante Anwendung in den unterschiedlichsten medizinischen Systemen und Lehren hat. Der Tatbestand: Seit über sechstausend Jahren wird der Hanf überall dort, wo er in der Gefolgschaft des Menschen hingelangte, als Heilmittel benutzt. Dieser Tatbestand soll hier dargestellt werden, ganz im Sinne einer ethnomedizinischen Bestandsaufnahme. Dieses Buch ist keine politische Kampfschrift, sondern eine kulturvergleichende Betrachtung. Die ethnomedizinischen Fakten sprechen für sich selbst.

Der Büffel unter den Pflanzen

Der Hanf hat unter den Pflanzen eine ähnliche kulturelle Bedeutung wie der Büffel bei den nordamerikanischen Indianern. Die Indianerkulturen der großen Plains und Prärien begründeten ihre Kultur alleine auf dem Büffel (*Bison bison*). Der Büffel oder amerikanische Bison lieferte den Indianern alles, was sie zum Leben brauchten. Alle Teile des Büffels wurden kulturell genutzt. Fleisch, Fett und Blut dienten der Ernährung, aus Knochen und Sehnen wurden Werkzeuge,

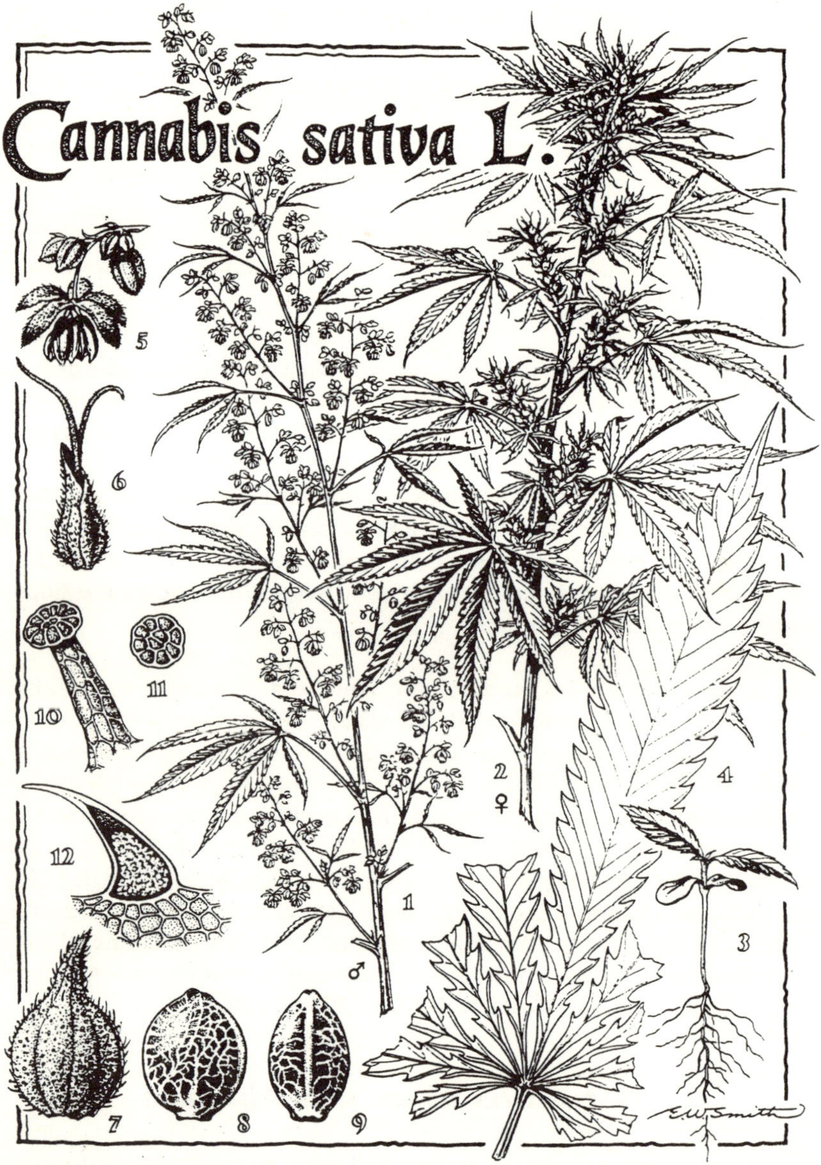

Die Botanik der Hanfpflanze: 1) Männlicher Blütenstand, 2) weiblicher Blütenstand, 3) Sämling, 4) Blatt, 5) männliche Blüte, 6) weibliche Blüte mit Narbe, 7) Frucht, 8) und 9) Frucht (»Same«: *Semen Cannabidis*), 10) Drüsenhaar mit Schaft, 11) Drüsenhaar von oben, 12) nichtdrüsiges Haar mit Zystolithen *(nach Schultes und Hofmann 1980).*

Schmuck und Werkmaterialien geschaffen, die Häute und Felle wurden zu Kleidung verarbeitet, Hörner und Schädel wurden als Ritualobjekte verehrt oder als schamanische Tanzmasken getragen, aus den Eingeweiden wurden nützliche Küchengeräte (Blasen zum Wasserholen usw.) gearbeitet, die Hoden wurden als Aphrodisiaka zubereitet (*Rocky Mountain Oysters*), aus den Hufen und Zähnen wurden Musikinstrumente hergestellt. Jeder Teil des Büffels hatte eine besondere Verwertung. Diese vielseitige Totalverwertung eines Tieres ist einzigartig in der Kulturgeschichte der Menschheit. Der Büffel war zugleich Nahrung, Rohstofflieferant und spirituelles Zentrum der indianischen Religion (DARY 1990, McHUGH 1979).

Ähnlich wie der Büffel ist der Hanf eine Pflanze mit vielseitiger Totalverwertung. Die Samen dienen als Nahrung für Mensch und Tier (Vogelhanf) und liefern vielfach verwendbares Öl, die weiblichen Blüten bilden das begehrte berauschende Harz und werden als Medizin und Aphrodisiakum genutzt. Aus den Blättern werden Pasten und Getränke gewonnen, die Stengel liefern dauerhafte stabile Fasern zur Herstellung von Seilen, Netzen, Papier, Kleidung, die Wurzeln sind medizinisch brauchbar. Aus den Blättern werden Pasten und Getränke gewonnen. Aus den Stengeln werden schamanische Ritualgegenstände (Zauberstäbe) geschnitten, Hanffasern dienen als Amulette.

Zudem ist der Hanf eine genügsame Pflanze, die den Boden nicht auslaugt, sondern auch für andere Pflanzen begünstigt (HERER 1990). Die multiple Nutzung des Hanfs als Nahrung, Rohstofflieferant, Medizin, Genußmittel und spirituelles Rauschmittel ist für viele frühe Kulturen belegt. Der Hanf wurde in dieser Weise von den alten Chinesen, den alten Indern und Germanen benutzt. Überall, wo der Hanf wächst, wird er vielseitig genutzt. In manchen Gegenden überwiegt der Gebrauch als Rauschmittel, in anderen die Nutzung der Fasern. Einen medizinischen Gebrauch der Pflanze trifft man überall.

Botanik und Taxonomie

Die botanische und taxonomische Geschichte der Hanfpflanze ist ähnlich verwirrend wie die rechtliche Lage. Wurden von den arabischen Ärzten, den Vätern der Botanik und den Begründern der modernen binominalen Taxonomie verschiedene Hanfarten erkannt, so hat sich in der modernen Botanik bis in jüngste Zeit hinein die Auffassung gehalten, es gäbe lediglich eine Art des Hanfes, wohl aber lokale Variationen (vgl. SMALL 1978). Oft wird zwischen dem Faserhanf und dem Indischen Hanf unterschieden. Meist heißt es, daß nur der Indische Hanf berauschend wirke. Daraus wurden auch juristische Konsequenzen abgeleitet. Der Anbau des wirkstofflosen Faserhanfes wurde erlaubt, der des »rauschgifthaltigen« indischen Hanfs verboten und strafrechtlich verfolgt (EMBODEN 1974b, 1981).

Im Laufe der botanischen Geschichte wurden folgende Namen für Arten oder Varianten der Hanfpflanze publiziert:

Cannabis sativa LINNÉ 1737
Cannabis Lupulus SCOPOLI 1772
Cannabis indica LAMARCK 1783
Cannabis foetens GILIBERT 1792
Cannabis erratica SIEVERS ex PALLAS 1796
Cannabis macrosperma STOKES 1812
Cannabis generalis KRAUSE 1905
Cannabis americana HOUGHTON et HAMILTON 1908
Cannabis gigantea CREVOST 1917
Cannabis ruderalis JANISCHEWSKY 1924
Cannabis pedemontana CAMP 1936
X Cannabis intersita SOJAK 1960

Nach den neueren Untersuchungen und Feldforschungen der führenden botanischen Autoritäten Richard E. SCHULTES und William EMBODEN sind nur drei Taxa valide (SCHULTES et al. 1975: 34, EMBODEN 1974a, 1981; vgl. STEARN 1975); somit hat der Hanf drei Arten:

1. *Cannabis sativa* LINNÉ 1737
   Die Pflanzen wachsen sehr hoch (bis 4 m), haben einen dicken, faserhaltigen Stengel, sind wenig verzweigt und haben ein lockeres Laubwerk. Der Gehalt an psychoaktiven Wirkstoffen ist sehr gering, manchmal kaum vorhanden.

2. *Cannabis indica* LAMARCK 1783
   Die Pflanzen sind klein (bis 1,2 m) und sehr buschig, haben einen faserarmen Stengel, sind stark verzweigt und haben ein dichtes Laubwerk. Der Gehalt an psychoaktiven Wirkstoffen ist sehr hoch.

3. *Cannabis ruderalis* JANISCHEWSKY 1924
   Die Pflanzen sind sehr klein (60 cm), haben einen dünnen, leicht faserigen Stengel, sind fast gar nicht verzweigt und haben nur ein lockeres Laubwerk mit verhältnismäßig großen Blättern. Der Wirkstoffgehalt ist weder gering noch hoch.

SCHULTES et al. (1975: 34) erkennen auch die Kreuzung *X Cannabis intersita* SOJAK 1960 zwischen *Cannabis sativa* und *Cannabis ruderalis* an.

Alle Hanf-Arten sind zweihäusig, d. h. sie bilden männliche und weibliche Pflanzen aus. Die männlichen Pflanzen sind in der Regel kleiner und weniger verzweigt als die weiblichen. Es kommt aber auch zu Zwitterbildung. Kulturell sind die weiblichen Pflanzen weitaus wichtiger. Sie bilden stärkere Fasern und mehr psychoaktive Wirkstoffe, sowie die nährstoffreichen Samen aus.

Ursprünglich plazierte man den Hanf in die Familie *Urticaceae* (Nesselartige). Der Hanf gehört aber nach neueren botanischen Erkenntnissen in die Familie der *Cannabaceae* (Hanfartige), einer Unterabteilung der *Moraceae* (Maulbeergewächse). Der nächste Verwandte des Hanfs ist der Hopfen *Humulus lupulus*, der ebenfalls in die Familie *Cannabaceae* gehört. Weitere Verwandte sind bisher nicht beschrieben worden (SCHULTES et al. 1975).

Der Hanf stammt vermutlich aus Zentralasien. Von dort hat er sich durch menschliches Zutun weltweit verbreitet. Möglicherweise haben sich die drei Arten durch Zucht und menschliche Selektion entwickelt. In der Geschichte der Hanfpflanze unterscheiden SCHULTES et al. (1975) drei Phasen: Die Wildform, die Kulturform und die verwilderte Form. In den Gebieten, wo unkultivierte Hanfpflanzen auftreten, z. B. in Afghanistan, Nepal, Nordchina und am Kaspischen Meer, läßt sich nicht entscheiden, ob es sich um echte Wildformen oder verwilderte Nachkommen ehemals kultivierter Pflanzen handelt. Heutzutage werden in vielen Labors der Welt Hanfpflanzen gezüchtet, die entweder wirkstofffrei sind (so in Japan), oder extrem harzhaltig und dafür samenlos (so in Holland und Kalifornien).

Aufgrund der chaotischen taxonomischen Geschichte der Hanfpflanze können im vorliegenden Buch bei der Darstellung des Hanfs in den verschiedenen Medizinsystemen oft keine genauen Speziesangaben gemacht werden. Wenn es eindeutige Belege für die botanische Spezifizierung gibt, so werden diese angeführt. Andernfalls bleibt es zukünftiger Forschung überlassen, die tatsächlich genutzten Species zu bestimmen.

Chemie und Pharmakologie

Die Hanfpflanze bildet in unterschiedlichem Maße mit unterschiedlicher Wirkstoffkonzentration ein Harz aus, das besonders an den weiblichen Blütenständen ausgeschieden wird, aber auch in allen anderen Pflanzenteilen außer den Samen und Wurzeln, unterschiedlich verteilt vorkommt. Die chemische Zusammensetzung des Harzes ist inzwischen sehr gut bekannt.

Das reine Harz (Haschisch) enthält vier Hauptkomponenten, die Cannabinoide D^1-Tetrahydrocannabinol (THC) mit drei Varianten, von denen zwei erst bei der Lagerung des Harzes als Artefakt entstehen, das Cannabidiol (CBD) und das Cannabinol (CBN). Diese Stoffe sind für die psychoaktive Wirkung des Hanfes verantwortlich. Es sind noch die Strukturen weiterer ca. 30 Cannabinoide mit schwacher oder keiner psychoaktiven Wirkung aufgeklärt worden. Zudem kommen im Harz noch eine Reihe von ätherischen Ölen (Caryophyllen, Humulen, Farnesen, Selinen, Phellandren, Limonen), verschiedene Zucker, Flavonoide, Alkaloide (Cholin, Trigonellin, Piperidin, Betain, Prolin, Neurin, Hordenin, Cannabisativin), sowie Chlorophyll vor, die für die psychoaktive Wirkung der Droge bedeutungslos sind (BINDER 1981, HAI 1981: 13).

Die Struktur, pharmakologische Bedeutung und die Struktur-Wirkungs-Beziehungen des THC wurden von Raphael MECHOULAM und dessen Team aufgedeckt. Sie fanden ebenso den Syntheseweg des THC (MECHOULAM 1973). Der THC-Gehalt ist extrem variabel. Er kann bei einigen Pflanzen gleich Null sein, bei anderen bis zu 25% des Harzes ausmachen (STARKS 1981). Zudem können die verschiedenen Darreichungsformen und Zubereitungen die Wirkstoffkonzentration erheblich beeinflussen (SEGELMAN et al. 1975). Die psychoaktiv wirksame Dosis liegt bei 4–8 mg. »Auf die psychotrope Dosis bezogen, ist die Toxizität von THC sehr niedrig. Die akute Lethaldosis bei oraler Verabreichung liegt bei der Ratte bei 600 mg/kg, ist also etwa 6000-fach höher als die am Menschen wirksame Dosis« (LAATSCH 1989: 42). Allerdings ist kein einziger Todesfall des Menschen durch Hanfüberdosierung bekannt geworden. Laut juristischen Gutachten und richterlichem Beschluß gibt es »keine lethale Dosis für Haschisch« (NESKOVIC zit. in RIPPCHEN 1992: 16). Hanfprodukte gelten nach dem neuesten wissenschaftlichen Forschungsstand als die harmlosesten bekannten Rauschmittel« (ebd.).

Das THC bewirkt in der wirksamen Dosis von 4–8 mg (entspricht etwa einem Joint mit 0,5 g Haschisch oder 1 g Marijuana) einen »etwa drei Stunden dauernden Rauschzustand, der durch ein Gefühl von Losgelöstheit charakterisiert ist, das eine meditative Versenkung oder eine Hingabe an sensorische Stimuli erlaubt. Der Zustand ist im allgemeinen frei von optischen und akustischen Halluzinationen, die beim vier- bis fünffachen dieser Dosis auftreten können. Subjektiv gesteigert wird die Gefühlsintensität beim Hören von Musik, beim Betrachten von Bildern, bei Essen und Trinken und bei sexueller Aktivität.« (BINDER 1981: 120). Das THC hat strukturelle Ähnlichkeit mit dem Neurotransmitter Anandamid (von Sanskrit *ananda*, ›Glückseligkeit‹). THC und Anandamid besetzen dieselben Rezeptoren im Nervensystem. Als wichtigste medizinische Wirkung gilt die »eigenständige analgetische Wirksamkeit von THC« (GESCHWINDE 1990: 33).

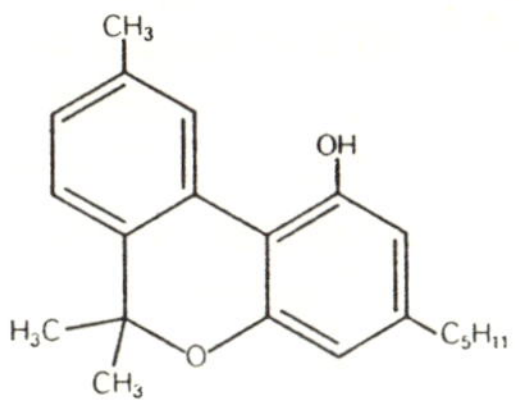

CANNABINOL

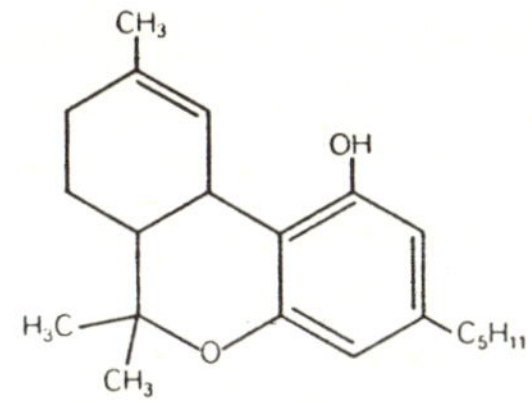

Δ^1-TRANS-TETRAHYDROCANNABINOL

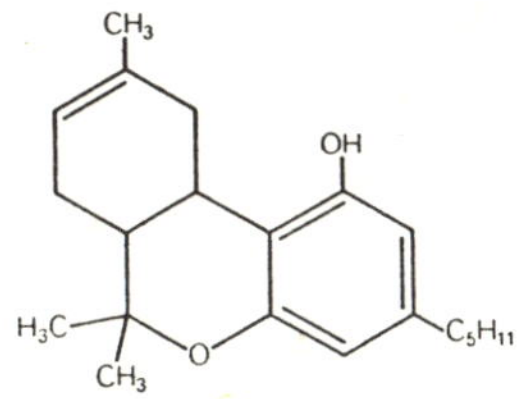

Δ^6-TRANS-TETRAHYDROCANNABINOL

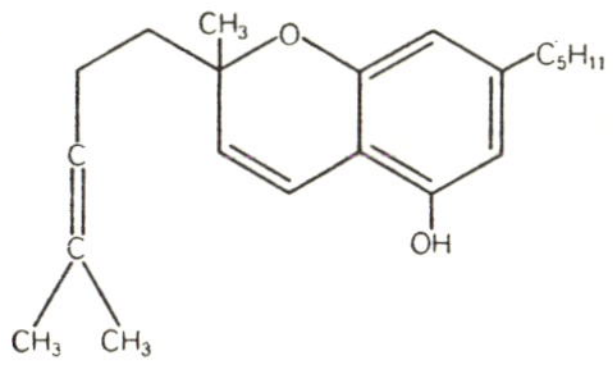

CANNABICHROMENE

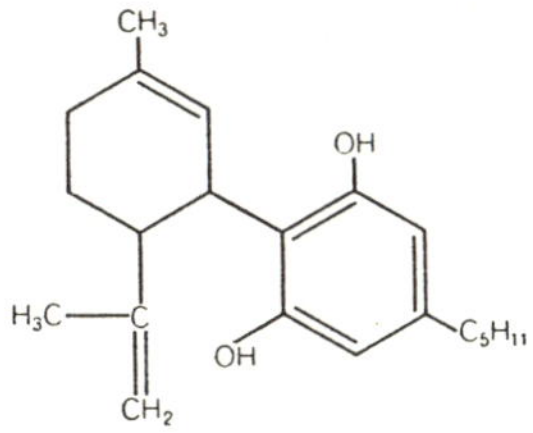

CANNABIDIOL

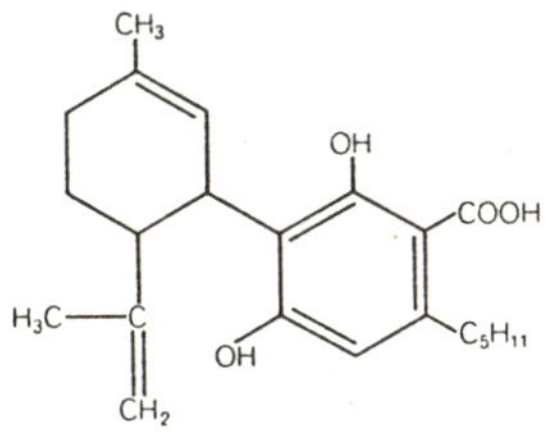

CANNABIDIOLIC ACID

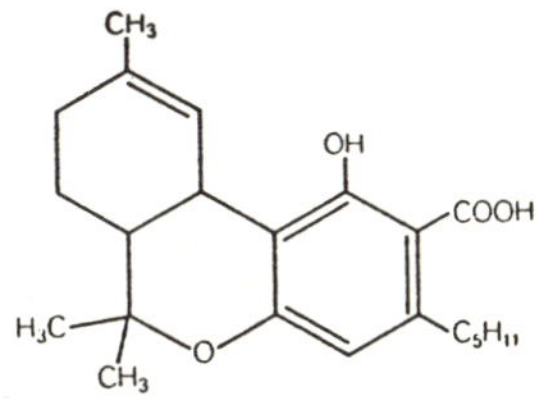

Δ^1-TRANS-TETRAHYDROCANNABINOLIC ACID

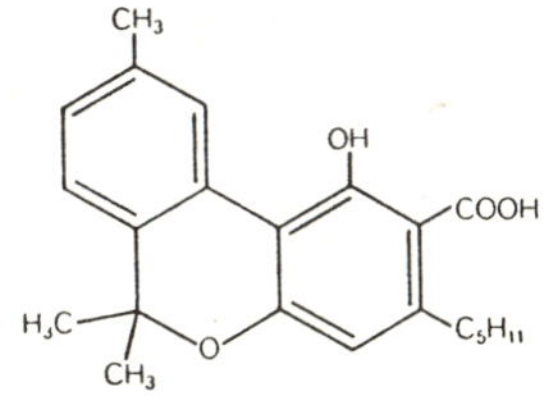

CANNABINOLIC ACID

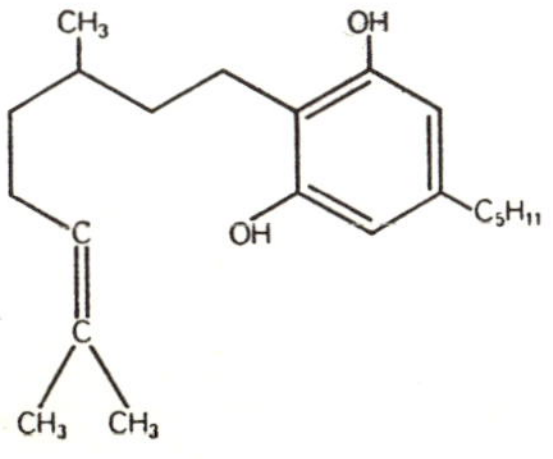

CANNABIGEROL

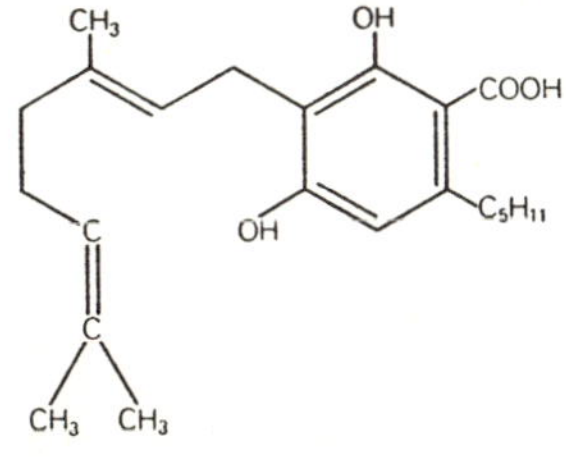

CANNABIGEROLIC ACID

Die Strukturformeln der wichtigsten Cannabinoide mit psychoaktiver Wirkung.

Zudem bewirkt THC eine Senkung des Augeninnendruckes, und ist deshalb bei der Behandlung des Glaukom von herausragender Bedeutung (ROFFMAN 1982).

In den Samen, die vielseitig als Nahrungsmittel, Öllieferant und Medizin genutzt werden, ist das seltene Vitamin K enthalten. Hinzu kommen Öle, Ölsäuren, Vitamine und Mineralstoffe. Da die Samen kein psychoaktives THC enthalten, werden sie nicht von den entsprechenden Betäubungsmittelgesetzen verboten. Sie sind in Deutschland frei verkäuflich.

Literaturlage und Forschungsstand

Die vorhandenen historischen Quellentexte, die aus verschiedenen Zeiten und Kulturen stammen, sind in der medizingeschichtlichen Literatur recht gut aufgearbeitet und jedem zugänglich. Die Literatur, die aus ethnomedizinischer oder ethnobotanischer Forschung resultiert, ist in ihrem Wert und Gehalt recht unterschiedlich. Mit nur wenigen Ausnahmen gibt es keine spezielle ethnomedizinische Literatur, die Hanf als Heilmittel zum Gegenstand hat. Meist findet man ihn nur am Rande erwähnt oder aus persönlichen Vorbehalten der jeweiligen Autoren gänzlich vernachlässigt. Viele Ethnologen haben Angst, den Gebrauch illegaler Drogen bei anderen Völkern zu untersuchen. Sie könnten ja in den Verdacht geraten, heimliche Sympathisanten oder gar stille Kiffer zu sein. Die wenigsten Ethnologen verfügen über Primärdaten zum Hanfgebrauch. Oft haben sie auch Angst, einheimische Drogen an sich selbst auszuprobieren und reproduzieren nur Kolportiertes (»Man sagt... Mir wurde berichtet... Ich habe gehört...«). aus diesen Gründen ist die Qualität der ethnomedizinischen Literatur sehr schwankend. Aber ich habe mich bemüht, aus der bestehenden Literatur einen brauchbaren Extrakt zu produzieren. Zudem habe ich immer versucht, die mir gelieferten Daten durch Selbstexperimente zu überprüfen, um den einheimischen Standpunkt besser verstehen oder nachvollziehen zu können. Viele Daten aus eigener Forschung in vielen Ländern der Welt (Nord- und Mittelamerika, Nepal, Indien, Südostasien, Japan) sind in dieses Buch eingeflossen.

Die medizinische Literatur ergibt auch kein einheitliches Bild. Da gibt es Artikel, in denen nur die von seiten des Staates offiziell zu glaubenden Vorurteile reproduziert werden. Die Literatur, die auf tatsächlich durchgeführten Experimenten an Menschen basiert, ist extrem dünn gesät. Es gibt zwar Tausende von Artikeln in der medizinischen Fachliteratur, doch nur eine Handvoll echtes empirisches Material. Auf diesen grotesken Mißstand hat Andrew WEIL in seinem revolutionären Buch *The Natural Mind* (zu Deutsch: *Das erweiterte Bewußtsein*) hingewiesen. WEIL war nämlich der erste Arzt, der einen wissenschaftlich korrekten Test im Jahre 1968 durchgeführt hat. Bis heute sind nur noch wenige Arbeiten dazugekommen (HESS, TART, ZINBERG). Häufiger sind die Fragebogenaktionen der Medizinsoziologen, Soziologen und Psychologen (GRUPP, SCHNEIDER, SHIK et al.).

Sehr umfangreich ist die chemische und pharmakologische Literatur zum Cannabis. Wahrscheinlich deshalb, weil sie nicht so sehr mit gesellschaftlichen oder politischen Tabus behaftet ist.

Ich habe an das Ende eines jeden Kapitels die in ihm zitierte Spezialliteratur angeführt. Im Anhang gibt es noch eine allgemeine Bibliographie zu verschiedenen Aspekten des Hanfs. Darin sind auch Publikationen angegeben, die von erbitterten Gegnern des Hanfgebrauchs stammen (z. B. NAHAS, TÄSCHNER). Diese Arbeiten können im Lichte der modernen wissenschaftlichen Forschung nur noch als historische Kuriosa betrachtet werden. Ebenfalls sind mehrere juristische und politische Publikationen angeführt, da diesen beiden Aspekten in diesem Buch kein Platz eingeräumt wurde (z. B. BURIAN & SZARA, HELLMAN, HOMAN, KAPLAN, LIGGENSTORFER, SCHERER). Außerdem sind einige »Klassiker« genannt (z. B. BAUDELAIRE, JÜNGER, LUDLOW, MOREAU DE TOURS).

Literatur

BINDER, Michael A.
1981 »Haschisch und Marihuana« *Deutsches Ärzteblatt* Heft 4 (22.1.81): 117-126

BLAKE, Anthony G. E.
1990 *Intelligenz Jetzt!* Südergellersen: Verlag Bruno Martin

DARY, David A.
1990 *The Buffalo Book*. Swallow Press/Ohio University Press

EMBODEN, William A.
1974a »Cannabis – A Polytypic Genus« *Economic Botany* 28: 304-310
1974b »Species Concepts and Plant Nomenclature« *California Attorneys for Criminal Justice Forum* No. 5 Aug/Sep 74: 2-4
1981 »The Genus Cannabis and the Correct Use of Taxonomic Categories« *Journal of Psychoactive Drugs* 13(1): 15-21

GESCHWINDE, Thomas
1990 *Rauschdrogen: Marktformen und Wirkungsweisen*. (2. Aufl.) Berlin usw.: Springer-Verlag

HAI, Hainer
1981 *Das definitive Deutsche Hanf Handbuch*. Löhrbach: Die Grüne Kraft (Der Grüne Zweig 73)

HERER, Jack

1990 *The Emperor Wears No Clothes: The Authoritative Historical Record of the Cannabis Plant, Hemp Prohibition, and How Marijuana Can Still Save the World.* Van Nuys, CA: HEMP Publishing.

LAATSCH, Hartmut

1989 »Haschisch, Marihuana, THC« in M. SCHLICHTING & H. LEUNER (Hg.), *3. Symposium über psychoaktive Substanzen und veränderte Bewußtseinszustände in Forschung und Therapie*, S. 41-43, Göttingen: ECBS

McHUGH, Tom

1979 *The Time of the Buffalo.* Lincoln & London: University of Nebraska Press

MECHOULUM, Raphael

1973 *Marijuana: Chemistry, Pharmacology, Metabolism and Clinical Effects.* New York: Academic Press

RIPPCHEN, Ronald (Hg.)

1992 *Das Recht auf Rausch: Materialien zur Haschischdiskussion.* Löhrbach: Werner Pieper's Medienexperimente (Der Grüne Zweig 147) [enthält den Lübecker Gerichtsbeschluß].

ROFFMAN, Roger A.

1982 *Marijuana as Medicine.* Seattle: Madrona

SCHULTES, Richard E., William M. KLEIN, Timothy PLOWMAN & Tom E. LOCKWOOD

1975 »Cannabis: An Example of Taxonomic Neglect« in: V. RUBIN (Hg.), *Cannabis and Culture*, S. 21-38, The Hague: Mouton

SEGELMAN, Alvin, R. Duane SOFIA & Florence H. SEGELMAN

1975 »Cannabis sativa L. (Marihuana): VI. Variations in Marihuana Preparations and Usage – Chemical and Pharmacological Consequences« in: V. RUBIN (Hg.), *Cannabis and Culture*, S. 269-291, The Hague: Mouton

SMALL, Ernest

1978 The Species Problem in Cannabis: *Science and Semantics.* (2 Bde.) Toronto: Corpus

STARKS, Michael

1981 *Marihuana Potenz.* Linden: Volksverlag

STEARN, William T.

1975 »Typification of Cannabis sativa L.« in: V. RUBIN (Hg.), *Cannabis and Culture*, S. 13-20, The Hague: Mouton

WEIL, Andrew

1976 *The Natural Mind.* Boston: Houghton Mifflin [dt. *Das erweiterte Bewußtsein*, Stuttgart: dva]

WEIL, A. T., N. E. ZINBERG & J. M. NELSON

1968 »Clinical and Psychological Effects of Marijuana in Man« *Science* 162 [13. Dezember 1968], S. 1234

Bum Shankar!
Am Anfang waren die Schamanen

Schamanismus ist keine Religion, sondern eine an besondere Individuen geknüpfte Bewußtseinstechnik, die besonders in polytheistischen, naturverehrenden Religionen, wie Animismus, Taoismus, Shintoismus, Hinduismus und Buddhismus (Lamaismus) funktioniert (SCHARFETTER 1985).

Schamanen sind Personen, die aufgrund der Berufung durch Götter, Geister, Dämonen oder Ahnen und ihrer besonderen Begabung, in Trance und Ekstase zu fallen, immer kulturelle und gesellschaftliche Sonderstellungen einnehmen (ELIADE 1975, HALIFAX 1983). Schamanen können die gesellschaftlichen Funktionen von Ärzten, Priestern, Orakeln, Wahrsagern, Zauberern, Hexern, Hebammen, Kräuterkundigen, Mysterienschauspielern, Rhapsoden und Bewahrern der oralen Traditionen erfüllen (LOMMEL 1980).

Es gibt männliche und weibliche Schamanen. Alle Schamanen teilen ein Weltbild, in dem es möglich ist, in verschiedene Welten oder andere Wirklichkeiten zu reisen. Diese gewöhnlich nicht sichtbaren Wirklichkeiten werden Himmel, Paradies, Unterwelt, Hölle, Geisterwelt, Schattenreich, Blaue Zone, unsichtbare Welt, wahre Wirklichkeit usw. genannt. In diesen Welten leben Götter, Geister, Ahnen, Dämonen, Ungeheuer, Monster, Tier- und Pflanzenseelen. Mit diesen unsichtbaren Wesen kommuniziert der Schamane. Von ihnen erfährt er die Geheimnisse des Universums, erlangt genaue Kenntnisse über die Anwendung von Heilpflanzen und gewinnt die Macht zu heilen oder Schaden anzurichten.

Im schamanischen Universum werden Krankheiten meist als Verlust der Seele, von verschiedenen Seelenteilen oder des Bewußtseins definiert. Die Seele eines Kranken wird manchmal, aus verschiedenen Gründen (Hexerei, Tabubruch, Vergehen) von negativen Wesen in die unsichtbare Welt verschleppt. Dort wird die Seele von Ungeheuern und Monstern malträtiert, gefoltert und gefangen gehalten: Liegt ein derartiger Krankheitsfall vor, so muß der Schamane in jene Welt reisen und die gestohlene Seele befreien. Oft reist der Schamane in der Gestalt eines Tieres, eines Adlers, Tigers oder Jaguars, seltener als Schnecke oder Glühwürmchen.

Die berühmte Höhlenmalerei des »Zauberers« mit Hirschgeweih von Les Trois Frères in den französischen Pyrenäen deutet Roger Lewin als das Produkt einer psychedelischen Trance. Daß Steinzeit-Schamanen tatsächlich Hirschmasken getragen haben, wurde durch Funde derartiger Objekte bei Hohen Viecheln, Kreis Wismar, bestätigt. Die heute im Museum Schwerin ausgestellte Hirschschädelmaske stammt genauso wie der älteste Hanffund aus dem 6. Jahrtausend v. Chr. Möglicherweise gab es im Neolithikum einen Hirsch-Hanf-Schamanen-Komplex.

Um in die unsichtbare Welt reisen zu können, muß der Schamane in Trance fallen und die gewöhnliche Welt verlassen. Zur Induktion dieser notwendigen Trance benutzen die meisten Schamanen verschiedene psychoaktive Drogen (FURST 1990, HARNER 1973, ROSENBOHM 1991). Dabei macht aber nicht die Droge einen Menschen zum Schamanen. Der Schamane benutzt die Droge als Katalysator, um seine eigenen Fähigkeiten zum Ausdruck zu bringen und zu nutzen. Die meisten Schamanen gebrauchen Trommeln oder Rasseln als »Reittiere«. Ihr monotoner Rhythmus wird zur Brücke in die andere Wirklichkeit. Der Schamane trägt oft als äußeres Zeichen seiner inneren Wirklichkeit Tierkostüme, Masken und Umhänge.

Der Schamanismus ist sehr alt. Es gibt Hinweise, daß er bereits dem Menschen im Paläozoikum, der Altsteinzeit, bekannt war. Viele Höhlenmalereien zeigen Menschen in Tierkostümen; vielleicht Portraits von Steinzeitschamanen (BIEDERMANN 1984: 69-89). Der Schamanismus ist aber keine skurrile Erscheinung von gestern, er ist auch heute noch, besonders in Südostasien, lebendig (HEINZE 1991); er hat gerade im letzten Viertel des 20. Jh. eine besondere Faszination und Anziehungskraft (ZINSER 1991).

Seit alters her ist auch der Hanf eine Schamanendroge (ELIADE 1975: 376ff., dazu besonders FURST 1990: 212f.; KNOLL-GREILING 1950, SEEBODE & PFEIFFER 1988: 16). Die Entdeckung pharmakologisch wirksamer Pflanzen wird im allgemeinen den Schamanen zugeschrieben, so auch die Entdeckung des Hanfes und dessen multipler Verwertbarkeit (MERLIN 1972). Er wurde schon im Neolithikum in Zentral- und Ostasien benutzt. Von dort stammt auch unser Wort »Schamane«. In der tungusischen Sprache bezeichnet *shaman* den heilenden und prophezeienden Bewußtseinskünstler (SEBODE & PFEIFFER 1988: 7). Der früheste literarische bzw. ethnohistorische Beleg für Hanf findet sich in schamanistischen Texten aus dem alten China (LI 1974).

Der älteste archäologische Beleg für die kulturelle Verwendung von Hanf deutet ebenfalls auf einen schamanischen Gebrauch. In den neolithischen Bandkeramik-(LBK)-Schichten von Eisenberg in Thüringen (Deutschland) wurden Hanfsamen, die als *Cannabis sativa* bestimmt werden konnten, gefunden (RENFREW 1973: 163, WILLERDING 1970). Die Schichten werden auf ca. 5500 v. Chr. datiert. Hanfsamen wurden auch bei den Ausgrabungen anderer, etwas jüngerer neolithischer Schichten entdeckt, so in Thainigen (Schweiz), in Voslau (Österreich) und in Frumusica (Rumänien) (RENFREW 1973: 163). Diese Funde stammen aus einer Zeit friedlicher, ackerbauender, vorindogermanischer Kulturen, die besonders die Göttin verehrten (GIMBUTAS 1989), und sehr wahrscheinlich den Schamanismus kannten (PROBST 1991: 239). Die Bandkeramik, die dieser steinzeitlichen Kulturepoche den Namen verlieh, ist mit graphischen Zeichen verziert, die archetypische Motive und Muster halluzinatorischer oder psychedelischer Themen wiedergeben (STAHL 1989).

In Nepal, dem traditionsreichen hinduistischen Königreich inmitten des Himalaya-Gebirges, ist der Schamanismus immer noch von großer Bedeutung für viele einheimische Völker, die noch recht wenig mit der westlichen Medizin in Berührung gekommen sind. Bei den meisten Völkern Nepals herrscht eine Mischreligion vor. Elemente aus dem Bön, aus dem tibetischen Lamaismus und verschiedenen hinduistischen Ausrichtungen sind hier zu einer harmonischen Einheit verschmolzen. Schamanen gibt es in fast jedem Dorf. Meist werden sie *jakri* genannt; das Wort hat die Bedeutung »Zauberer« oder »Zauberin«. Diese Schamanen leben in einem polytheistischen Kosmos, in dem Buddha genauso zuhause ist wie die alten Bön-Dämonen und die vedischen und hinduistischen Götter. Von den Schamanen wird der auf den vedischen Rudra zurückgehende Shiva verehrt. Er gilt ihnen als der Urschamane, der erste Schamane, der die Schamanenkunst selbst perfekt beherrscht und sie manchen, ausgewählten Menschen ebenfalls verleiht.

Ein nepalesischer Name für Shiva lautet *vijaya*, »der Siegreiche« (STORL 1988: 83, 201); den selben Namen trägt der Hanf schon in den vedischen Schriften. Shiva heißt auch *Bhangeri Baba*, »Der Herr des Hanfs« (STORL 1988: 198). Er hat den Überlieferungen der Schamanen zufolge den Hanf entdeckt und im Himalaya ausgesät, damit er immer für die Menschen da ist. Shiva hat den Menschen auch die verschiedenen Rezepturen zu seiner Verwendung gegeben: »In Nepal wurden diese Mittel von Asketen, Schamanen und Magiern schon seit altersher in kleinen Mengen konsumiert, um Trancezustände herbeizuführen.« (GRUBER 1991: 144) Am verbreitetsten ist das Rauchen der verschiedenen Hanfprodukte (KNECHT 1971). Dazu werden die Hanfblätter, die weiblichen Blüten *(ganja)* oder das klebrige, aromatische Harz *(charas)* pur oder mit Stechapfelblättern *(Datura metel)*, Bilsenkraut *(Hyoscyamus niger)* oder Bauerntabak *(Nicotiana rustica)* in ein Rauchrohr, das Chilam, gestopft. Das Chilam, ein Symbol und Attribut des Shiva, wird an die Stirn gehalten und dem Kiffergott mit der Formel *Bum Shankar*, »Heil dem Wohltäter«, geweiht.

An dieser Stelle sei angemerkt, daß selbstverständlich nicht jeder Kiffer ein Schamane ist. Nur der zum Schamanisieren Begabte und Berufene kann durch das Hanfrauchen in die schamanische Trance verfallen. Wohl aber können Hanfkonsumenten Erfahrungen mit schamanistischen Elementen und Inhalten schamanischer Mythologien machen, wie sie z. B. von Fitz Hugh Ludlow eindrücklich beschrieben wurden.

Der Shiva geweihte Schamane kann durch das Hanfrauchen – dank seiner Begabung – eine besonders wirksame heilige Medizin herstellen: »Das Rauchen ist eine Entwerdung, eine Auflösung, ein Todesvorgang. In diesem kleinen, kreisenden Scheiterhaufen verbrennen die Hüllen der Täuschung, die uns umwinden, zu Asche. Die faulenden Leichen unserer Vergehen, die Kadaver des alten Karmas schmoren darin und werden zu schneeweißer Asche verwandelt... Der Riegel zum Tor des ›Übersinnlichen‹ zerschellt; die dämonische Schar Shivas, die ätherischen Bilder der Naturgewalten und Seelengestalten tanzen vor den Augen des Geweihten. Die Toten erscheinen und die Götter! In einem noch tieferen Samadhi hören dann alle Erscheinungen, jeder Schein auf, und es *ist* einfach! In absoluter Versunkenheit sitzt Shiva auf dem Heilsberg Kailash, dem Schneeberg, dem Ascheberg. [...] Nachdem das Chilam vollständig zuende geraucht und die Meditation verflossen ist, nimmt er die Asche und reibt sie sich auf die Stirn oder er nimmt es als *Prashad* auf die Zunge, denn das heilige, weiße Pulver gilt als die beste Medizin.« (STORL 1988: 204, 205)

In Nepal wird der Hanf oft in der Form von *Bhang* getrunken (MÜLLER-EBELING & RÄTSCH 1989: 20). Die Schamanen des Himalaya trinken Bhang, um selbst in die für ihre Heilrituale erforderliche Trance oder Ekstase zu verfallen. Sie opfern Bhang an den phallusgestaltigen Shivaheiligtümern (heilige Steine, Lingams). Durch das Opfer bewegen sie die Heilkraft des Gottes, denn niemand liebt den Hanf und den Hanfrausch so sehr wie Shiva selbst. Der berauschte Gott sendet seine Heilkraft aus, die durch den Schamanen kanalisiert und auf den Kranken übertragen wird. Obwohl bei den schamanischen Heilbehandlungen meistens nur der Schamane Ganja raucht oder Bhang trinkt, werden Hanfpräparate von ihnen auch medikamentös eingesetzt. Dem Kranken werden Hanftrünke bei verschiedenen Leiden, wie Depression, Appetitlosigkeit, Wankelmut oder der im Himalaya oft auftretenden Höhenkrankheit verordnet (vgl. MORNINGSTAR 1985).

Diese heute noch in Nepal lebendigen schamanischen Hanfanwendungen haben ihre Wurzeln in der menschlichen Urzeit und werfen deutliche Lichter auf den frühen schamanischen Gebrauch dieser »Pflanze der Götter« als Ekstasemittel und Medizin.

Rezepte

Es sind bis heute einige Hanf-Rezepturen überliefert, die im schamanischen Gebrauch standen oder stehen.

BHANG (NEPAL)

Obligatorische Zutaten:
Hanfblüten
(Büffel-)Milch
Zucker oder Honig
Gewürze (z.B. Kardamon, Kurkuma, Muskat, Nelken, Pfeffer, Zimt)

Fakultative Zutaten:
Krähenaugen *(Strychnos nux-vomica)*
Opium
Stechapfelsamen *(Datura metel)*
zermahlene Nüsse (z.B. Mandeln)
Ghee (Butterschmalz)

Hanfblüten fein zerhacken, mit den Gewürzen (und den fakultativen Zutaten) vermischen. Zucker oder Honig in der Milch lösen. Hanf und Gewürze darin aufschwemmen.

TANTRISCHE RAUCHMISCHUNG

Hanfblüten *(Ganja)*
frisches oder getrocknetes Kobragift

Das kristalline Kobragift – die Kobra ist ein heiliges Tier und Symbol des Shiva – wird mit zerkleinerten Hanfblüten vermischt und im Chilam geraucht. Frisches Kobragift wird über große getrocknete Hanfblüten (Ganja) gesprenkelt. Wenn es eingezogen oder angetrocknet ist, werden die getränkten Blüten zerkleinert und im Chilam geraucht.

Literatur

BIEDERMANN, Hans
1984 *Höhlenkunst der Eiszeit*. Köln: DuMont

ELIADE, Mircea
1975 *Schamanismus und archaische Ekstasetechnik*. Frankfurt/M.: Surhkamp

FURST, Peter T.
1990 »Schamanische Ekstase und botanische Halluzinogene: Phantasie und Realität« in: G. GUNTERN (Hg.), *Der Gesang des Schamanen*, S. 211-243, Brig: ISO-Stiftung

GIMBUTAS, Marija
1989 *The Language of the Goddess*, New York usw.: Harper & Row

GRUBER, Ulrich
1991 *Nepal*. München: Prestel

HALIFAX, Joan
1983 *Schamanen*. Frankfurt/M.: Insel

HARNER, Michael J. (Hg.)
1973 *Hallucinogens and Shamanism*. London etc.: Oxford University Press

HEINZE, Ruth-Inge
1991 *Shamans of the 20th Century*. New York: Irvington

KEILING, Horst
1985 *Steinzeitliche Jäger und Sammler in Mecklenburg*. Schwerin: Museum für Ur- und Frühgeschichte

KNOLL-GREILING, Ursula
1950 »Die sozial-psychologische Funktion des Schamanen« in: *Beiträge zur Gesellungs- und Völkerwissenschaft* (Festschrift Richard Thurnwald), S. 102-124, Berlin: Gebr. Mann

LEWIN, Roger
1991 »Stone Age Psychedelia« *New Scientist* 8/91: 30-34.

LI, Hui-Lin
1974 »The Origin and Use of Cannabis in Eastern Asia: Linguistic-cultural Implications« *Economic Botany* 28: 293-301

LOMMEL, Andreas
1980 *Schamanen und Medizinmänner* (2. überarbeitete Aufl.). München: Callway

MERLIN, Mark D.
1972 *Man and Marijuana*. Rutherford usw.: Fairleigh Dickinson University Press

MORNINGSTAR, Patricia J.
1985 »*Thandai* und *Chilam*: Traditional Hindu Beliefs About the Proper Uses of Cannabis« *Journal of Psychoactive Drugs* 17 (3): 141-165

MÜLLER-EBELING, Claudia & Christian RÄTSCH
1989 *Isoldens Liebestrank: Aphrodisiaka in Geschichte und Gegenwart*.
München: Knaur

PROBST, Ernst
1991 *Deutschland in der Steinzeit*. München: C. Bertelsmann

RENFREW, Jane M.
1973 *Palaeoethnobotany: The Prehistoric Food Plants of the Near East and Europe*. New York: Columbia University Press

ROSENBOHM, Alexandra
1991 *Halluzinogene Drogen im Schamanismus*. Berlin: Dietrich Reimer

SCHARFETTER, C[hristian]
1985 »Der Schamane: Zeuge einer alten Kultur – wieder belebbar?« *Schweizer Archiv für Neurologie, Neurochirurgie und Psychiatrie* 136 (3): 81-95

SEBODE, Christina & Rolf PFEIFFER
1988 »Schamanismus« *Salix* 1.87: 7-33

STAHL, Peter W.
1989 »Identification of Hallucinatory Themes in the Late Neolithic Art of Hungary« *Journal of Psychoactive Drugs* (21 (1): 101-112

STORL, Wolf-Dieter
1988 *Feuer und Asche – Dunkel und Licht: Shiva – Urbild des Menschen*. Freiburg i.B.: Bauer

WILLERDING, U.
1970 »Vor- und frühgeschichtliche Kulturpflanzenfunde in Mitteleuropa« *Neue Ausgrabungen und Forschungen in Niedersachsen* 5, Hildesheim

ZINSER, Hartmut
1991 »Zur Faszination des Schamanismus« in: Michael KUPER (Hg.), *Hungrige Geister und rastlose Seelen: Texte zur Schmanismusforschung*, S. 17-26, Berlin: Dietrich Reimer

Ma
Hanf in der chinesischen Kräuterkunst

Hanf steht am Anfang der chinesischen Zivilisation. Hanf war die erste Pflanze, die von den nördlichen Stämmen gleichzeitig mit ihrer Seßhaftwerdung kultiviert wurde. Aus den Fasern wurden Stricke, Netze und Textilien hergestellt (ZHENG 1990: 16). Die Erfindung des Papiers ist ebenfalls dem Hanf zu verdanken. Aus seinen Stengeln wurde in Nordchina das erste Papier der Menschheit geschöpft (LI 1974b).

In dem ältesten überlieferten chinesischen Buch, dem *Shih-Ching* oder *Shijing* (nach neuer Schreibweise), das »Buch der Lieder«, das zwischen dem 9. und 6. Jh. vor Chr. (während der Chou oder Zhou Dynastie) in Nordchina entstanden ist, aber auf Quellen zurückgeht, die 2000 Jahre älter sind (KENG 1974), wird der Hanf oft genannt (somit erfährt der Hanf seine erste historische Erwähnung). Er wird zu den »hundert Getreiden« gerechnet und in schamanischen Zusammenhang gebracht. Außerdem enthält der Text Anweisungen, wie der Hanf anzubauen ist (WEBER-SCHÄFER 1967: 174):

> »Hanf zu bauen, wie macht man's?
> Man pflanzt ihn in geraden Reihn.«

In den »Neun Gesängen« im *Ch'u-Tz'u* (oder *Zhouli*), einer Sammlung kultischer Lyrik aus dem 3. Jh. vor Chr. wird der Hanf bereits als heilige Pflanze dargestellt (WEBER-SCHÄFER 1967: 19):

> »Ich pflücke die Blüten im heiligen Hanffeld,
> Pflück sie für ihn, der fern von mir ist.«

Die psychoaktiven Blüten dienten anscheinend als Liebeszauber. Im Ch'u-Tz'u werden auch Hanfstengel als Orakel (für das I Ching) benutzt (WEBER-SCHÄFER 1967: 204). Im Shu-King, das etwa um 500 v. Chr. entstanden sein soll, wird ein schamanisch-magischer Gebrauch der Hanfstengel beschrieben. Darin heißt es, daß der Hanf unter bestimmten Witterungsverhältnissen einen stark verholzten Stengel ausbildet. Der getrocknete Stengel wurde als Schnitzholz für Zauberstäbe verwendet. Dargestellt wurde eine Schlange, die sich um ein Zepter schlängelt. Solche Zauberstäbe wurden in Heilungsritualen verwendet. Ein Verwandter des Kranken mußte damit das Krankenbett abklopfen, um die krankheitsbringenden Geister zu vertreiben (EMBODEN 1990: 217). Der alte chinesische und wohl auch der palaeo-asiatische Schamanismus ist nahtlos in den aufkeimenden Taoismus integriert worden (YU 1988). Im alten Neujahrsfest, das gleichzeitig das Erntedankfest (im 10. Monat) war und ursprünglich zur Tagundnachtgleiche im Herbst stattfand, wurde das Alte rituell verabschiedet und das Neue ebenso begrüßt. Die Leiter des Festes trugen weiße Kleidung, die Trauer bezeugend, eine Lederkappe, eine Gerte vom Haselnußstrauch zur Vertreibung der Geister und einen Gürtel aus Hanf zum Erhalt der Fruchtbarkeit (ZHENG 1990: 93f). Der Sperling ist ein archaischer Schamanenvogel (Hilfsgeist) und heißt *ma-ch'iao*, »Hanfvogel«; er »soll der sinnlichste aller Vögel sein, darum soll der Genuß seines Fleisches auch die Geschlechtskraft stärken« (EBERHARD 1983: 270).

Als (mythischer) Begründer der chinesischen Kräuterkunde und Pharmazie gilt Shen-Nung oder Shennong. Er, dessen Name »Göttlicher Landmann« bedeutet, wurde zur Welt gebracht, nachdem seine menschliche Mutter vom Kopf eines himmlischen Drachen berührt wurde (ZHENG 1990: 38). Shen-Nung wird manchmal als Mensch, manchmal als Mischwesen mit dem Körper eines Menschen und dem Kopf eines Ochsen dargestellt. Er trägt auch den Namen Yandi, »Roter Kaiser«. Er stand dem Opfer des Herdes vor und brachte den Menschen die Segnungen des Ackerbaus. Er lehrte den frühen Menschen den Gebrauch des Pfluges und den Anbau der »Fünf Getreidesorten«, zu denen der Hanf gehörte. Er probierte die ernährenden, heilenden und giftigen Gewächse an sich selbst aus und verfaßte eine Arzneimittellehre, die angeblich dem *Pen ts'ao Ching* zugrunde liegt (WEIKANG 1985: 22f).

In der Pharmakopöe des Shen-Nung, die der Legende nach im Jahr 2737 v. Chr. zusammengestellt, tatsächlich aber erst im 1. Jh. (Han-Dynastie) aufgeschrieben wurde, heißt es, der Hanf heile »weibliche Schwäche, Gicht, Rheumatismus, Malaria, Beriberi, Verstopfung und geistige Abwesenheit« (EMBODEN 1990: 217). Die *ta-ma* genannte Hanfvariante wird darin als Grundstoff eines Elixiers der Unsterblichkeit genannt: »Dieses Elixier verwandelte einen Sterblichen in eine göttliche transzendente Person. Die Lehre des Tao betont, daß man zur Erreichung der Ziele des Tao sein eigenes Bewußtsein vergessen müsse. Genau dieser Zustand läßt sich mit *Cannabis* erzielen« (EMBODEN 1981: 328). Wahrscheinlich war während der Han-Dynastie bereits das Rauchen von Hanfprodukten bekannt, wie aus dem Fund eines Pfeifenkopfes in Xianyang (Shaanxi Provinz) zu schließen ist (WEIKANG 1985: Abb.). Der Hanf wurde auch von den taoistischen Alchemisten verwendet (LI 1978: 23). Hanf gehört neben Akonit, Fingerhut *(Digitalis)*, Zinnober, Quecksilber, Gold und Arsenik zu den wichtigsten

Ingredienzien der frühen taoistischen »Elixiere der Unsterblichkeit« (COOPER 1984: 54). Von Nekromanten wurde Hanf kombiniert mit Ginsengwurzel *(Panax ginseng)* eingenommen, um zukünftige Ereignisse vorherzusehen (TOUW 1981: 23).

Der berühmt-berüchtigte Arzt und erste Chirurg in China, Hua-to (etwa 190–265 n. Chr.) führte das Narkotikum *Ma-Yo* ein. Es bestand aus Hanfharz und Wein (EMBODEN 1990: 217). Es soll zudem Eisenhut *(Aconitum sp.)* enthalten haben (THORWALD 1985: 245). Die Chinesen, die jedoch eine gewisse Scheu vor körperlichen Eingriffen hegten, wollten nichts von dem Anästhetikum wissen. »Hua-to wurde zu dem chinesischen Fürsten Tsao-tsao gerufen, der an unerträglichen Kopfschmerzen litt. Hua-to riet, eine Öffnung der Schädeldecke durch Trepanation vorzunehmen. Als der Chirurg jedoch mit der Operation beginnen wollte, wurde Tsao-tsao plötzlich von der mißtrauischen Furcht überfallen, Hua-to wolle ihn im Auftrag eines Gegners ermorden. Er ließ den Chirurgen einkerkern und hinrichten. Der Überlieferung zufolge hinterließ Hua-to viele Schriften über Medizin und Chirurgie, die aber auf seinen Wunsch vernichtet wurden, bevor er starb.« (THORWALD 1985: 246) Es sollten noch mehr als zwölf Jahrhunderte vergehen, bis sich wieder ein Arzt mit einem Rezept für chirurgische Eingriffe an die Öffentlichkeit wagte (WEIKANG 1985: 73).

Im Jahre 1578 schrieb Li-Shih-Chen oder Li Shizhen sein berühmtes Kräuterbuch *Pen-ts'ao* nieder, das noch heute als *das* Grundlagenwerk der chinesischen Kräutermedizin gilt. Viele Krankheiten lassen sich demnach mit Hanf heilen: nervöse Verstimmung, Senilität, Ausfluß der Frauen, Komplikationen bei der Geburt, Vergiftungen mit Schwefel, Blei oder Eisenhut *(Aconitum napellus)*, Verstopfung, schweres Erbrechen, Hautausschläge, Geschwüre, Wunden, Kopfflechten, Haarausfall, trockenes Gefühl im Rachen (!), Skorpionstiche, Menstruationsunregelmäßigkeiten, Urinverhalt, Blasengrieß, Hämorrhoiden (vgl. EMBODEN 1981: 328). Li-Shih-Chen gibt auch ein Rezept für ein Anästhetikum an:

> »Wenn man gleiche Mengen *man-t'o-lo* [Weißer Stechapfel, *Datura alba*] und Hanf im siebten und achten Monat des Jahres sammelt, sie im Schatten trocknet, pulverisiert und in Wein auflöst, wird diese Zubereitung nach der Einnahme eine narkotische Anästhesie bewirken und die Durchführung kleinerer Operationen und Ausbrennungen schmerzfrei erlauben.« (zit. nach EMBODEN 1981: 328)

Der Gebrauch von Hanf in der chinesischen Medizin läßt sich nur auf der grundlegenden Ethik und Kosmologie verstehen:

> »Der Grundgedanke, der die chinesische Medizin beherrscht, lautet, daß der

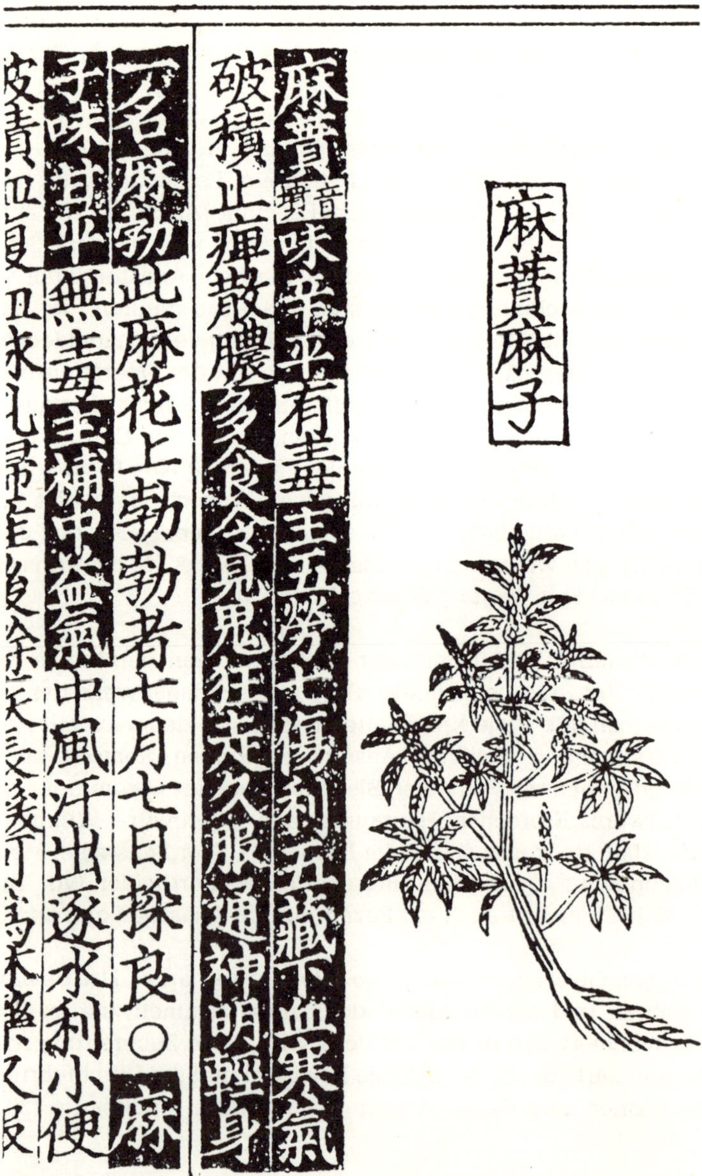

Chinesischer Holzblockdruck der Hanfpflanze und beschreibender Text
(Chêng-lei pên-ts'ao, Ausgabe von 1234)

Mensch und die Natur eng miteinander verbunden sind. Der chinesische Arzt befürwortet vorbeugende Maßnahmen und eine natürliche Heilkunst mittels Akupunktur, Moxibustion, Phytotherapie, Massagen und anderen kunstgerechten Handgriffen. Der Mensch, der seinen Platz zwischen Himmel und Erde hat, muß sich in die äußere Welt einfügen. Aus diesem Grund ist die Medizin auf innige Weise mit der Kosmologie verbunden. Sie tendiert dazu, das Betätigungsfeld des Praktikers zu erweitern und es mit dem Universum zu vereinen.« (WONG 1990: 49)

Auf dieser Grundlage ist die medizinische Bedeutung von Hanf als vorbeugendes Mittel, als Tonikum und Aphrodisiakum, sowie als therapeutisches Medikament zu verstehen. Der Hanf hat einen unerschütterlich festen Platz in der chinesischen Medizin. Er wird in allen offiziellen Arzneimittellehren geführt (BEIJING MEDICAL COLLEGE 1985: 222). Er taucht unter den Namen *Hou-ma-ren, Ma-jen* oder *Ta-ma* auf und wird zu den »sedierenden Mitteln« und den »Asthmamitteln« gerechnet (PALOS 1990: 232, 234). Mitunter wird er auch zu den purgierenden, »nach unten reinigenden« Mitteln gezählt, denn er gilt auch als wirkungsvolles Abführmittel bei älteren Menschen (BEIJING MEDICAL COLLEGE 1985: 222). Allgemein heißt es:

»Jeder Teil der Pflanze findet medizinische Verwendung; der Stengel wirkt entwässernd und harntreibend; das Öl lindert Reizungen bei trockenem Hals; die männlichen Blüten verwendet man bei ›Winderkrankungen‹ und Menstruationsstörungen; das Harz der weiblichen Blüten ist leicht giftig und wirkt auf das Nervensystem (Haschisch). Es wird bei Nervenleiden verwendet. Li Shizhen bemerkt, daß es bei übermäßiger Verwendung zu ›Halluzinationen und einem unsicheren Gang‹ führt.« (REID 1988: 89)

Das Wesen des Hanfs wird als süß und neutral beschrieben; er hat eine Affinität zu Milz, Magen und Dickdarm. Er wirkt laxativ, durchblutungsfördernd, emollientisch (die Haut erweichend), Schleimhautreizungen lindernd, hustenlindernd, antiseptisch und antidotisch. Meist wird er bei »Verstopfung aufgrund von Flüssigkeitsmangel, besonders bei alten Patienten und nach Entbindungen«, Harnverhaltung, Regelanomalien, Erbrechen, Mittelohrentzündungen und Verbrennungen verordnet. Meist werden die Samen in einer Dosis von 9–30 g vermischt mit anderen Drogen oder als Tee gegeben (nach BENSKY & GAMBLE 1986: 173f, PAULUS & YU-HE 1987: 247, REID 1988: 89). Als Ersatzstoff wird Leinsamen angegeben: »Semen Cannabis hat nach Auffassung der chinesischen Pharmakologie die gleiche traditionelle Wirkungsbeschreibung wie Semen Lini« (PAULUS & YU-HE 1987: 248).

Rezepte

LAXANS:

Gleiche Teile Hanfsamen und Dang Gui *(Radix Angelicae Sinensis)* werden im Mörser zerstoßen. Von dem Pulver wird eine Dosis von 20 g angegeben. Die Mischung kann auch als Tee aufgebrüht werden.

BEI RÖTE, SCHMERZEN UND ULKUSBILDUNG
DER MUNDHÖHLE DURCH MAGENHITZE:

Gleiche Teile Hanfsamen, Jin Yin Hua *(Flos Lonicerae Japonicae)* und Gan Cao *(Radix Glycyrrhizae Uralensis)* werden zerstoßen und in einer Dosis von 15 – 30 g eingenommen.

Literatur

BEIJING MEDICAL COLLEGE
1985 *Dictionary of Traditional Chinese Medicine*. Hemel Hempstead: Allen & Unwin

BENSKY, Dan & Andrew GAMBLE
1986 *Chinese Herbal Medicine – Materia Medica*. Seattle: Eastland Press

COOPER, J. C.
1984 *Chinese Alchemy*. Wellingborough, Northhamptonshire: The Aquarian Press

EBERHARD, Wolfram
1983 *Lexikon chinesischer Symbole*. Köln: Diederichs

EMBODEN, William A.
1981 »Cannabis in Ostasien – Ursprung, Wanderung und Gebrauch« in G. VÖLGER (Hg.), *Rausch und Realität*, Bd. 1, S. 324-329, Köln: Rautenstrauch-Joest-Museum für Völkerkunde
1990 »Ritual Use of Cannabis Sativa L.: A Historical-Ethnographic Survey« in: P. FURST (Hg.), *Flesh of the Gods*, S. 214-236, Prospect Heights, Illinois: Waveland Press

KENG, Hsuan
1974 »Economic Plants of Ancient North China As Mentioned in *Shih Ching* (Book of Poetry)« *Economic Botany* 28: 391-410

KEYS, J. D.
1976 *Chinese Herbs: Their Botany, Chemistry & Phamacodynamics*. Rutland, Vermont: Charles E. Tuttle Co.

LI, Hui-Lin
1974a »The Origin and Use of Cannabis in Eastern Asia: Linguistic-Cultural Implications« *Economic Botany* 28: 293-301
1974b »An Archaeological and Historical Account of Cannabis in China« *Economic Botany* 28: 437-448
1975 »The Origin and Use of Cannabis in Eastern Asia: Their Linguistic-cultural Implications« in: V. RUBIN (Hg.), *Cannabis an Culture*, S. 51-62, The Hague: Mouton [fast identisch mit LI 1974a]
1978 »Hallucinogenic Plants in Chinese Herbals« *Journal of Psychedelic Drugs* 10 (1): 17-26

PALOS, Stephan
1990 *Chinesische Heilkunst*. Düsseldorf: Econ

PAULUS, Ernst & Ding YU-HE
1987 *Handbuch der traditionellen chinesischen Heilpflanzen*. Heidelberg: Haug

REID, Daniel P.
1988 *Chinesische Naturheilkunde*. Wien: Orac

THORWALD, Jürgen
1985 *Macht und Geheimnis der frühen Ärzte*. München: Droemer-Knaur

TOUW, Mia
1981 »The Religious and Medicinal Uses of Cannabis in China, India and Tibet« *Journal of Psychoactive Drugs* 13 (1): 23-34

WEBER-SCHÄFER, Peter
1967 *Altchinesische Hymnen*. Köln: Hegner [enthält das »Buch der Lieder« und die »Gesänge von Ch'u]

WEIKANG, Fu
1985 *Traditional Chinese Medicine and Pharmacology*. Beijing: Foreign Languages Press

WONG, Ming
1990 »Die altchinesische Medizin« in: R. TOELLNER (Hg.), *Illustrierte Geschichte der Medizin*, S. 49-89, Salzburg: Andreas & Andreas

YU, Chaishin
1988 »Korean Taoism and Shamanism« in: C. YU & R. GUISSO (Hg.), *Shamanism: The Spirit World of Korea*, S. 98-118, Berkeley: Asian Humanity Press

ZHENG, Chantal
1990 *Mythen des alten China*. München: Diederichs

Kamanin
Hanf in der japanischen Medizin

Am Anfang der japanischen Medizingeschichte steht – wie in China und Korea – der Schamanismus. Die Ureinwohner Japans, die Ainu, von denen nur noch wenige, zurückgedrängt und kulturell brutal assimiliert, auf der nördlichen Insel Hokkaido leben, entwickelten eine naturverehrende Religion, in deren Mittelpunkt ein Bärenritual stand. Seit frühester Zeit wird die Medizin der Ainu von meist weiblichen, manchmal männlichen Schamanen getragen (OHNUKI-TIERNEY 1980). Es ist bekannt, daß die Ainu-Schamanen verschiedene psychoaktive Pflanzen, ganz ähnlich wie die sibirischen Völker, benutzten (MITSUHASHI 1976, OHNUKI-TIERNEY 1980: 134). Leider ist nicht überliefert, ob sie den Hanf kannten und medizinisch, rituell oder rekreativ benutzten.

Im Neolithikum wanderten verschiedene asiatische Völkerschaften von Korea aus nach Japan ein. Sie brachten den in Ostasien praktizierten Schamanismus mit und bildeten die Grundlagen des späteren Shintoismus (CHANG CHU-KUN 1988). Schamanen blieben seither immer ein Betandteil der japanischen Gesellschaft. Es gibt sie sogar heute noch (EDER 1958).

Im Jahre 414 n. Chr. wurde in Japan die chinesische Medizin von koreanischen Ärzten offiziell eingeführt. Die chinesische Medizin wurde in die bodenständige Shinto-Kultur eingegliedert, sie wurde japanisiert. Die volkstümliche Shinto-Gottheit Okuni-nushi no Mikoto (»Erhabener Gebieter des Großen Landes«) wurde zum Schutzherrn der Medizin und Kenner der Kräuter erklärt. In den folgenden Jahrhunderten wurde die »Japanische Medizin« immer mehr durch koreanische Ärzte, die vorwiegend auf chinesischer Grundlage arbeiteten, beeinflußt und bestimmt, aber auch von ayurvedischen Vorstellungen, die mit buddhistischen Missionaren einsickerten, bereichert (BRIOT 1990).

Im Jahr 562 n. Chr. kam Chu Ts'ung, ein chinesischer Mönch, nach Japan. Er hatte 164 medizinische Bücher im Reisegepäck, darunter die klassischen Werke über Akupunktur und das *Pen ts'ao ching,* die grundlegende Pharmakopöe der Chinesen (BRIOT 1990: 652). Damit wurde spätestens das Wissen um die medizinische Wirksamkeit des Hanfs, zumindest offiziell, in die japanische Medizin eingebracht. Alle späteren, japanischen Arzneibücher gehen auf das chinesi-

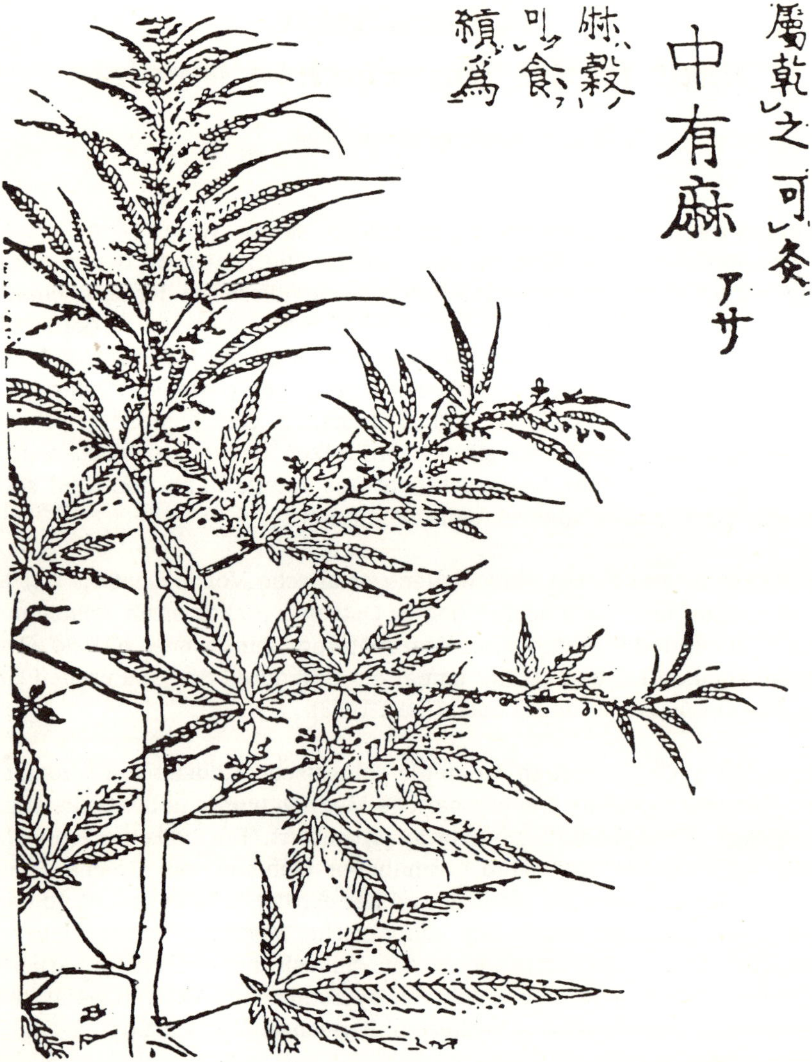

Holzblockdruck der Hanfpflanze in der japanischen Ausgabe eines aus China stammenden Kräuterbuches (Okamoto Otori, *Mao-Shih-ming-wu-t'zu-kao*, um 1785).

sche *Pen ts'ao ching* zurück. Für das Jahr 757 ist die erste Apotheke dokumentarisch belegt (ROSNER 1989: 19)

Um 808 n. Chr. befahl der japanische Kaiser Heizei, daß alle Gouverneure in ihrer jeweiligen Provinz bei Klöstern und alten Familien medizinische Hausrezepte und Überlieferungen sammeln sollten. Diese traditionellen Rezepte wurden von Hizumo Hirosada und Abe Manao in Hundert Bänden, dem *Daido-rui juko*, der »Rezeptsammlung aus der Daido Ära« veröffentlicht. Leider ist dieses wertvolle volksmedizinische Werk, in dem sicherlich der Hanf erwähnt wurde, zum Großteil verloren gegangen (BRIOT 1990: 656).

Das älteste erhaltene japanische Grundlagenwerk zum Kräutergebrauch, das *Honzowamyo*, »Die [japanischen] Namen der Pflanzen« von Sukahito Fukae stammt aus dem Jahre 918 n. Chr. (Heian Periode). Es ist im großen und ganzen eine japanische Adaptation der großen und viel älteren chinesischen Arzneimittellehren (HODGE 1974: 128).

1607 gelangte eine chinesische Ausgabe des *Pen-ts'ao kang-mu* von Li Shihchen (1518–1596) in den Besitz des Leibarztes des Shogun. Es wurde sehr einflußreich für die medizinisch-pharmakologische Beurteilung der in Japan gedeihenden Gewächse (ROSNER 1989: 67).

1805 führte der japanische Arzt Hanaoka Seishu die erste Brustamputation in Japan durch. Die Vollnarkose bewirkte er durch ein Präparat, das er in Anlehnung an das *Mafusan*, das berühmte Rezept des Hua-T'o mischte (NAMBA 1980: 201). Er benutzte 8 Teile Datura tatula und jeweils zwei Teile *Aconitum japonicum, Angelica anomala, Angelica acutiloba, Cnidium officinale, Arisaema japonicum;* das Ganze wurde zerhackt in Wasser aufgekocht. Die Narkose trat nach 1–2 Stunden ein und dauerte 5–6 Stunden (BRIOT 1990: 669). Hanaokas Rezept unterschied sich vom chinesischen Original im wesentlichen durch das Weglassen des Hanfes. Warum hat Hanaoka auf den Hanf verzichtet?

Gegen Ende des 19. Jahrhunderts wollte die Meiji-Regierung nach der offiziellen Übernahme der abendländischen Medizin die traditionelle, über Jahrhunderte gewachsene Medizin (*Kanpo*, die »Chinesische Methode«) abschaffen. Besonders wurden die chinesischen Medikamente beargwöhnt und allmählich unterdrückt (BRIOT 1990: 677). In diesem Jahrhundert nimmt die moderne pharmakologische Forschung auch in Japan wieder die Untersuchung traditioneller Heilpflanzen wie Ma-huang *(Ephedra sinica)*, Ling-chih *(Ganoderma lucidum)* oder Gingko wieder auf (ROSNER 1989: 1).

Der Hanf wird in Japan seit alters her in den Präfekturen Ibaragi, Zochigi, Hiroshima, Nagano, Saga und Kumanoto kultiviert. Dort wird die Pflanze 2–4 m hoch und kommt im August oder September zur Blüte. Es wird behauptet, daß der japanische Hanf relativ wenig psychoaktives Harz absondert:

> »Japanischer Hanf für Textilien enthielt eigentlich keinen giftigen Teil [Cannabinole], ist aber seit kurzem durch Kreuzung auch giftig geworden. Kürzlich ist es jedoch gelungen, die japanische Sorte gentechnologisch zu trennen, so daß die Zucht des sicheren Hanfs wiederaufgelebt ist. Die Fasern, wie für die Hanfleinwand, werden aus den Stengelrinden hergestellt. Aus dem inneren Holzteil des Stengels wird Kohle für Taschenwärmer oder Pulverkohle für Schießpulver hergestellt. Hanföl wird durch Pressen von Samen gewonnen und wird für Farben, Wasserdichtungen usw. verwendet.« (KIMURA & KIMURA 1987: 22)

In einer sehr frühen aus China übernommenen Arzneimittellehre, dem *Shino-Honzo-Sutra*, »Lehre über Kräuter«, wird der Hanf *Masho* genannt. Zu seiner Wirkung heißt es:

> »Dieser Hanf heilt fünf Krankheiten und sieben Arten von Verletzungen. Nimmt man aber zuviel, so dreht man durch.« (zit. in NAMBA 1980: 201)

In der traditionellen japanischen Medizin werden vor allem die *Mashinin, Kamanin* oder *Taimanin* genannten Trockenfrüchte *(Cannabidis Semen)* des Hanfs benutzt:

> »Mashinin ist ein Arzneimittel für Milz, Magen und Darm. Es befeuchtet den Darm und macht den Gang glatt, so daß es gegen Stuhlverstopfung benutzt wird. Seine Wirkung ist ähnlich wie Sesam, aber Sesam ist nützlich für die Blutnahrung und die Nieren, Mashinin ist nützlich für die Befeuchtung und die Darmglättung. Deshalb wird Mashinin gegen Verstopfung wegen Feuchtigkeitsmangel durch Magenfieber und Sesam gegen die Verstopfung durch Nierenerkrankungen sowie Blutmangel angewendet.« (NAMBA 1980: 202)

Als Anwendungsbereich wird angegeben:

> »Mashinin wird als Laxans für Alte, Kinder, werdende und stillende Mütter und für diejenigen, die nach einer schweren Krankheit noch geschwächt sind, angewendet. Auch wird es als Arznei gegen Husten oder als Befeuchtungsmittel verwendet. Heute wird es meistens als Lebensmittel, wie für die Mixtur von sieben scharfen Gewürzen, als Vogelfutter, als Rohstoff für die Ölindustrie usw. genommen.« (NAMBA 1980: 202)

In vergangenen Jahrhunderten wurden auch die psychoaktiven Harze des Hanfs als Beruhigungs- und Schmerzmittel verwendet. Ebenso wurden sie zur Einleitung einer medizinischen Hypnose eingesetzt (KIMURA & KIMURA 1978: 22)

Die Kanpo-Medizin hat im heutigen Japan, das sich rein westlich orientiert, kaum noch Bedeutung. Es gibt nur noch wenige traditionelle Kräuterläden. In den traditionsreichen Städten wie Kyoto und Nara und in den ländlichen Gebieten findet man sie hin und wieder. Lediglich der Verkauf von cannabinolfreien Samen *(Namanin)* ist gestattet. Ansonsten ist der Besitz von Cannabisprodukten strikt verboten. Wer Hanf besitzt, züchtet oder handelt, muß mit einer Gefängnisstrafe von mindestens fünf Jahren rechnen. Haschisch wird im japanischen Untergrund mit Gold aufgewogen. Das Durchgreifen der Polizei ist brutal und unerbittlich. Dennoch sind manche traditionelle Rituale ohne Hanf unmöglich. »Wenn eine Frau im Kindbett gestorben ist, wird ihr Name auf ein rohes Hanftuch geschrieben und dieses an Bambusstäben horizontal aufgespannt. Von vorübergehenden Leuten läßt man Wasser darauf spritzen. Wenn dann allmählich das Tuch verfault und ein Loch entsteht, ist die Tote zur ewigen Ruhe eingegangen.« (EDER 1958: 377)

Rezept

Obwohl der Besitz von Hanfpräparaten in Japan als Verbrechen gilt und dementsprechend hart bestraft wird, trifft man den Hanf doch täglich an, und zwar als Bestandteil der berühmten Gewürzmischung Kaori Shichimi. Damit werden die Grillspießchen *(Yakitori)* gewürzt. Wie so viele asiatische Gewürzmischungen, so ist auch diese nach medizinischen Gesichtspunkten zusammengemischt. Sie soll die Verdauung (vor allem durch den Hanf) anregen und allgemein die Gesundheit fördern.

KAORI SHICHIMI (»Duftender Sieben-Geschmack«)

Gleiche Teile von:
Chimpi (getrocknete Orangenschale) – *Citrus sp.*
Hanfsamen – *Cannabis sativa*
Mohnsamen – *Papaver somniferum*
Sesamsamen – *Sesamum indicum*
Aosa (Seetang, diverse Arten)
Guinea-Pfeffer – *Capsicum annuum var. longum*
Sanshō (Japanischer Pfefferbaum) – *Zanthoxylum piperitum*

vermischen und zum Bestreuen der Nahrungsmittel zermahlen. Menge nach Geschmack wählen.

Literatur

BRIOT, Alain

1990 »Die japanische Medizin« in: R. TOELLNER (Hg.), *Illustrierte Geschichte der Medizin*, Bd. 2, S. 651-681, Salzburg: Andreas & Andreas

CHAN CHU-KUN

1988 »A Correlation of the Ancient Religions of Japan and Korea« in: R. W.I. GUISSO & CHAI-SHINB YU, (Hg.), *Shamanism: the Spirit World of Korea*, S. 52-59, Berkeley: Asian Humanities Press

EDER, Matthias

1958 »Schamanismus in Japan« *Paideuma* 6 (7): 367-380

HODGE, W. H.

1974 »Wasabi – Native Condiment Plant of Japan« *Economic Botany* 28: 118-129

KIMURA, Koiti & Takeatsu KIMURA

1978 *Medicinal Plants of Japan* (New Edition, Completely Revised). Osaka: Hoikusha Publishing Co. [in Japanisch]

MITSUHASHI, Hiroshi

1976 »Medicinal Plants of the Ainu« *Economic Botany* 30: 209-217

NAMBA, Tsuneo

1980 *Coloured Illustrations of Wakan-Yaku (The Crude Drugs in Japan, China and the Neighbouring Countries).* (2 Bde.) Osaka: Hoikusha Publishing Co. [in Japanisch; enthält eine Genealogie der japanischen Kräuterbücher]

OHNUKI-TIERNEY, Emiko

1980 »Ainu Illness and Healing« *American Ethnologist* 7 (1): 132-152

ROSNER, Erhard

1980 *Medizingeschichte Japans*. Leiden usw.: E. J. Brill

Vijaya
Hanf in der ayurvedischen Medizin

Die Veden oder vedischen Schriften bilden die älteste Literatur Indiens. Veda bedeutet so viel wie »Wissen«; noch heute gelten die vedischen Schriften als das Urwissen der indischen Kultur (MYLIUS 1989). Das Rig Veda, eine Sammlung religiöser Hymnen, wurde etwa zwischen 1200 und 100 v. Chr., vielleicht auch schon früher niedergeschrieben. In zahlreichen Hymnen wird eine psychedelische Superdroge namens Soma besungen. Sie hat aber nicht nur die Kraft, himmlische Visionen zu verleihen, sondern auch den Menschen zu heilen. Das Atharvaveda, eine Sammlung medizinischer Texte und Zaubersprüche ist wesentlich jünger und stammt aus dem 7. Jh. v. Chr. In diesen Texten taucht auch wieder Soma auf, aber auch der Hanf als Heilmittel, diesmal unter dem Namen Vijaya, der »Sieger«. Obwohl die botanische Identität der Somapflanze nach wie vor unsicher ist, wurde sie in der späteren indischen (medizinischen) Literatur oft als Hanf identifiziert. Sicher ist, daß der Hanf schon zu vedischer Zeit als Heilmittel verwendet wurde. Sein Name »Sieger« deutet schon auf seine große Kraft im Überwinden der Krankheitsdämonen hin. Soma und Vijaya gelten beide als *rasayana,* Elixiere höchster Heilkraft (MÜLLER 1954).

Die als Veden zusammengefaßten Schriften bilden den Grundstock des »Wissens« des Ayurveda, der altindischen »Lebenskunde«. Ayurveda heißt »das Wissen vom Leben«; und eben dazu gehört natürlich das Wissen um Vorbeugung und Therapie von Krankheiten, Erschöpfungszuständen und chronischen Leiden. Zu den wesentlichen Grundlagenwerken zählen die Schriften des CHARAKA (um 500 v. Chr.) und SHUSHRATA (5. Jh. v. Chr.), das Charaka-Samhita und das Shushrata-Samhita (SHARMA 1985). Das wichtigste ayurvedische Lehrbuch aus dem indischen Mittelalter (800-1500) ist das Sarngadhara-Samhita (MURTHY 1984; SHARMA 1981). In diesen und allen anderen ayurvedischen Büchern findet man den Hanf unter den Namen *vijaya* oder *bhanga* (CHOPRA & CHOPRA 1957).

Die ayurvedische Medizin, die inzwischen auch in Europa bekannter wird, ist keine Volksmedizin. Sie wurde immer von ayurvedischen Ärzten und Gelehrten ausgeübt und über die Jahrhunderte verfeinert. Sie verbindet Erfahrung mit Weisheit, Lebenskunst, Religion (Hinduismus), Yoga und Kräuterkunde. Sie ist eine wissenschaftliche Methode, verfügt über ein reiches Schrifttum und wird an Universitäten gelehrt. Der Arzt im heutigen Indien hat meistens zwei Ausbildungen: eine in der traditionellen Schulmedizin, dem Ayurveda, und eine in der westlichen Medizin. In den meisten indischen Krankenhäusern werden beide Medizinsysteme nebeneinander, oftmals miteinander eingesetzt (SCHARFETTER 1976). Die ayurvedische Lehre hat maßgeblich die Medizin auf dem asiatischen Kontinent mitgeprägt. So ist sie eine der Hauptquellen der tibetischen, sowie der südostasiatischen Medizin, hat sogar ihre Spuren in der chinesischen und japanischen Medizin hinterlassen.

Im Ayurveda werden seit der Frühzeit, besonders durch das Shushrata-Samhita, acht klinische Bereiche definiert, die Stützen des Systems (vgl. SCHARFETTER 1976, WALLNÖFER 1990):

1. *Salya-Tantra,* »Lehre« (Chirurgie, die Entfernung von Fremdkörpern aus dem menschlichen Körper)
2. *Salakya-Tantra,* »Lehre« (Chirurgie)
3. *Kaya-Cikitsa,* »Heilkunde« (Allgemeine Körperkrankheiten, nicht an Organe gebunden)
4. *Bhuta-Vidja,* »Wissen« (Dämonenglauben und Exorzismus)
5. *Kamara-Bhritya* (Kinderkrankheiten und Kinderpflege)
6. *Agada-Tantra* (Toxikologie)
7. *Rasayana-Tantra,* »Das Wissen von der Verjüngung«
8. *Vajikarana-Tantra,* »Die Lehre von den Liebesmitteln«

Hanf und dessen Produkte spielen vor allem in den letzten beiden Grundpfeilern des Ayurveda eine herausragende Rolle. Hanf ist nur eine unter Hunderten von Pflanzen, die seit Shushratas Zeiten einen festen Platz in der ayurvedischen Pharmakopöe einnehmen. Heilpflanzen werden als göttliche Geschenke betrachtet und sollen auch als solche gewürdigt werden. Im Ayurveda geht der Mensch mit den Heilpflanzen ein inniges Verhältnis ein: »Der rechte Gebrauch einer Pflanze oder Heilpflanze bedeutet, an ihr teilzuhaben. Sind wir mit einer Pflanze eins geworden, wird sie unser Nervensystem vitalisieren und unsere Wahrnehmung steigern. Dies bedeutet, die Pflanze als etwas Heiliges anzusehen, als ein Mittel, um an der gesamten Natur teilzuhaben. So wird jede Pflanze, wie ein Mantra, dazu beitragen, jenes Potential kosmischen Lebens zu verwirklichen, dessen Vertreterin sie ist.« (LAD & FRAWLEY 1987: 23)

In diesem Sinne erfüllt natürlich besonders der psychoaktive Hanf seine Rolle als kosmischer Mittler. Er ist die Pflanze des Gottes Shiva und als solche mit Erotik, Askese und Heilung verbunden (MAJUPURIA & JOSHI 1988: 167-169). Er dient den Tantrikern als euphorisierendes Aphrodisiakum, den Asketen als Mittel zur Konzentration, Kontemplation und Meditation. Schamanen nutzen ihn für ihre ekstatische Trance und Mediziner verschreiben ihn gegen zahlreiche Krankheiten und Leiden (FISHER 1975). Die Wirkung des Hanfs gilt als *sattvik nasha*, »friedvolle Berauschung« (MORNINGSTAR 1985: 144). In dem Raja Valabha, einem Sanskrit-Text aus dem 17. Jh. heißt es: »die Götter haben den Hanf den Menschen aus Mitgefühl gegeben, so daß sie die Erleuchtung erlangen können, die Furcht verlieren und sexuelle Begierde behalten« (MORNINGSTAR 1985: 148).

In der ayurvedischen Pharmazie werden vier Hanfprodukte benutzt:

1. *Charas*, das von den weiblichen Blütenständen mit den Händen abgeriebene Harz (enthält ca. 40% Wirkstoffe)
2. *Ganja*, die frischen oder getrockneten, möglichst samenfreien weiblichen Blütenstände (enthält ca. 15–25% Wirkstoffe)
3. *Bhang*, die oberen Blätter der weiblichen Pflanze (enthält bis zu 10% Wirkstoffe)
4. Samen (enthalten keine berauschenden Wirkstoffe)

Alle vier Produkte werden mit vielen anderen Zutaten zu Pulvern *(churnas)* vermischt, in Teemischungen aufgebrüht oder in zerlassenem Ghee (Butterschmalz) eingebettet. Hanfprodukte bilden den Hauptbestandteil in zahlreichen Medikamenten, die der Behandlung von Diarrhoe, Cholera, Gelbsucht, Tetanus, Rheumatismus, Schlafstörungen, Schmerzen, Husten, Verdauungsschwäche, Impotenz, Malaria und Alkoholismus dienen (FISHER 1975: 251). Die Blätter werden besonders bei chronischen und akuten Durchfallerkrankungen, Schlafstörungen, Tetanus und Regelstörungen, meist mit schwarzem Pfeffer und Zucker vermischt, verordnet. Eine Paste aus den frischen Blättern wird zur Beseitigung von Tumoren und Furunkeln äußerlich aufgetragen. Der frischgepreßte Blattsaft wird zur Behandlung von Kopfschuppen und Läusen in die Kopfhaut massiert. Das Trockenpulver wird auf (nässende) Wunden und juckende Hautpartien aufgetragen. Ein Blätterbrei wird bei Hämorrhoiden, Augenleiden und Orchitis aufgelegt. Ganja und Charas werden bei Nervenkrankheiten, Verdauungsschwäche und Tripper eingesetzt. Ganjarauch wird bei Auripigment-Vergiftungen verschluckt und bei Leistenbrüchen rektal appliziert. Charas wird bei der Behandlung von Malaria, periodischen Kopfschmerzen, Migräne, akuter Manie, Schwachsinn, Delirium, Keuchhusten, Husten, Asthma, Anämie, nervösem Erbrechen, Tetanus, Krämpfen und Nervenzusammenbrüchen eingesetzt. Ein Tee aus den Samen wird bei Gonorrhoe verschrieben (DASTUR 1985: 44f.).

Dem Bereich der allgemein tonisierenden, kräftigenden, sowie der gleichermaßen aphrodisierenden Rezepturen *(vajikarana)* wurde schon immer große Aufmerksamkeit geschenkt (BOSE 1981). In jeder Rezeptsammlung finden sich zahlreiche Beispiele, z. B. im Rudrayamala Tantra (8. Jh.) und im Davasita (12. Jh.). Meist enthalten diese Mittel Hanfprodukte in reichlicher Dosierung, oft Opium, Stechapfelsamen *(Datura metel)*, Krähenaugen *(Strychnus nux-vomica)* und viele Gewürze; seltener Metalle (Quecksilber), Mineralien (Realgar, Auripigment, Borax) und Tierprodukte (Moschus, Krötenextrakte usw.) (CHATURVEDI et al. 1981).

Neben seiner traditionellen Bedeutung als universelles Volksberauschungsmittel spielt der Hanf überall in Indien und Nepal in der Volksmedizin, die stark von ayurvedischen Konzepten durchdrungen ist, eine wichtige Rolle. In Nepal werden Hanfzubereitungen bei fast allen Krankheiten verwendet (SINGH et al. 1979: 193). Die Bhils im Jhabua Distrikt rauchen Hanf als Schmerzmittel bei Knochenbrüchen. In Kumaon wird der aus der frischen Pflanze gepreßte Saft zur Behandlung von Hämorrhoiden äußerlich aufgetragen. In Kashmir sollen Leute mit Gicht viel Ganja rauchen (VETSCHERA & PILLAI 1979: 19). Dort werden auch die gerösteten Blätter der weiblichen Pflanzen und die unreifen Blütenstände mit Honig vermischt als Schlafmittel geschluckt. Die frischen Blätter werden bei Augenproblemen auf die Augenlider gelegt (SHAH 1982: 298). Überall in Indien gilt Thandai, ein schwach hanfhaltiges kaltes Erfrischungsgetränk als allgemein gesundheitsfördernd, besonders wenn dem Trunk etwas Asafoetida zugesetzt wird (HASAN 1975: 240). Viele Hindus glauben zudem, daß der regelmäßige Thandaigenuß aphrodisierend wirkt und die Männlichkeit aufbaut (MORNINGSTAR 1985: 141).

Rezepte

VAJIKARANA (nach dem Rudrayamala Tantra; vgl. VETSCHERA & PILLAI 1979: 14)

Gleiche Teile von:
Vilva *(Aegle marmelos)*
Nirgundi *(Vitex negundo)*
Tulasi *(Ocimum sanctum)*
Durva *(Cynodon dactylon)*

werden mit zwei Teilen *Vijaya* (Hanf) vermischt und in Milch aufgeschwemmt getrunken. Die Wirkung soll verblüffend sein; sie macht Menschen »göttergleich und unsterblich«!

RASAYANA (nach dem Davasita; vgl. VAGHJI 1985: 41)

Es werden ein Pfund Gummiharz der Katechu-Akazie *(Acacia catechu)* mit Weizenmehl verrührt. Dazu werden je 30 g folgender Zutaten gegeben:

Dorniger Wasserfreund *(Hydrophila apinosa)*
Padellium muracus
Spargel *(Asparagus ascendens)*

Samen der Juckbohne *(Mucuna pruriens)*
Breitblättriges Knabenkraut *(Orchis sp.)*
Zimtrinde *(Cinnamomun ceylanicum)*
Breitblättrige Buchanania *(Buchanania lanzan)*
Muskatnuß *(Myristica fragrans)*
Tamala-Zimt *(Cinnamomum sp.)*
Nelken *(Caryophyllus aromaticus)*
Bilsenkraut *(Hyoscyamus niger)*
Hanf *(Cannabis indica)*
Schwarzes Basilienkraut *(Basilicum sanctum)*
Samen von indischem Bambusgras *(Bambusa sp.)*
Layia *(?)*
Kardamom *(Elettaria cardamomum)*
Paleteri-Wurzel *(?)*
China-Wurzel (vielleicht: *Panax ginseng)*
Pfeffer *(Piper nigrum)*
Mohnsamen *(Papaver somniverum)*
Datteln *(Phoenix dactylifera)*
Ingwer *(Zingiber officinarum)*
Mandeln

Alles vermischen, mit Ghee (Butterschmalz) und Sirup verkneten und Kekse backen. Im Davasita heißt es: »Wenn ein Mann beim Aufstehen diese Kekse ißt, fühlt er in seinem Körper Stärke, Gesundheit und Manneskraft.«

JATIPHALADI (Pulver nach dem Sarngadhara Samhita, ca. 14. Jh.)

Bei chronischen Durchfällen über längere Zeit einzunehmen; das Pulver gilt gleichermaßen als Aphrodisiakum.

Je ein Teil von:
Jatiphala (Muskatnuß) *Myristica fragrans*
Lavanga (Nelken) *Caryophyllus aromaticus*
Elaici (Kardamom) *Elettaria cardamomum*
Tejpatra (Tamala-Zimt) *Cinnamomum tamala*
Dalacini (Zimt) *Cinnamomum zelanicum*
Nagakesara (Banane) *Mesua ferrea*
Karpura (Kampfer) *Cinnamomum camphora*
Candana (Sandelholz) *Santalum album*
Tila (Sesam) *Sesamum indicum*
Bamsalocana (Bambus) *Bambusa arundinacea*
Tagara (Baldrian) *Valleriana wallichi*
Avala *Phyllanthus emblica*
Talisapatra *Abies webbiana*
Pippali (Langer Pfeffer) *Piper longum*
Haritaki *Terminalia chebula*
Sthula jiraka *Nigellia sativa*
Citraka *Plumbago zelanicum*
Sunthi (Ingwer) *Zingiber officinale*
Vidanga *Embelia ribes*
Marica (Schwarzer Pfeffer) *Piper nigrum*

werden vermischt mit 20 Teilen Bhang und 40 Teilen Zucker. Tagesdosis: eine Tola (ca. 12 g), entspricht ca. 3 g Hanfblätter.

BHANG

50 g Hanfblätter werden sorgfältig gewaschen, fein zerrieben,mit schwarzem Pfeffer, Gurkensamen und Melonenkernen vermischt in einem Gemisch aus 1 l Wasser aufgeschwemmt und mit Zucker gesüßt (entspricht etwa einer Tagesdosis).

THANDAI

Gleiche Mengen von Mandeln, Pistazienkernen, Rosenblüten, Schwarzen Pfefferkörnern, Anissamen und Gewürznelken werden zermahlen und mit Wasser befeuchtet, sodaß eine Paste entsteht. Die Paste wird mit Milch aufgeschwemmt. Eine Spur Asafoetida (»Teufelsdreck«) und feingehackte Hanfblätter hinzugeben; mit braunem oder karameliertem Zucker süßen.

MAJUN

Bhang, Charas, Ganja, Opium, Mohnsamen, Stechapfelsamen und -blätter, Nelken, Olibanum (Weihrauch), Anissamen, Kreuzkümmelsamen, Kardamom, Weizenmehl, Zucker, Butter, Milch und Mehl werden vermischt und in zerlassenes Ghee (Butterschmalz) gegeben. Es entsteht ein süßes, aber leicht bitteres Konfekt, das hedonistisch, rituell oder medizinisch verspeist werden kann. die Wirkung wird als »Ekstase, ein Hochgefühl, das Gefühl zu fliegen, gesteigerter Appetit und heftige sexuelle Wünsche« beschrieben (THAKKUR 1977: 317).

Literatur

BOSE, A. K.
1981 »Aphrodisiacs – A Psychosocial Perspective« *Indian Journal of History of Science* 16(1): 100-103

DASTUR, J. F.
1985 *Medicinal Plants of India & Pakistan*. Bombay: D. B. Taraporevala

CHATURVEDI, G. N., S. K. TIWARI & N. P. RAI
1981 »Medicinal Use of Opium and Cannabis in Medieval India« *Indian Journal of History of Science* 16(1): 31-35

CHOPRA, I. C. & R. N. CHOPRA
1957 »Use of Cannabis Drugs in India« *Bulletin on Narcotics* 9: 4-29

FISHER, James
1975 »Cannabis in Nepal: An Overview« in: V. RUBIN (Hg.), *Cannabis and Culture*, S. 247-255, The Hague: Mouton

HASAN, Khwaja A.
1971 »The Hindu Dietary practices and Culinary Rituals in a North Indian Village« *Ethnomedizin* 1: 43-70
1975 »Social Aspects of the Use of Cannabis in India« in: V. RUBIN (Hg.), *Cannabis and Culture*, S. 235-246, The Hague: Mouton

LAD, Vasant & David FRAWLEY
1987 *Die Ayurveda Pflanzen-Heilkunde*. Haldenwang: Edition Shangrila

MAJUPURIA, T. Ch. & D. P. JOSHI
1988 *Religious & Useful Plants of Nepal & India*. Lalitpur: M. Gupta

MORNINGSTAR, Patricia J.
1985 »*Thandai* and *Chilam:* Traditional Hindu Beliefs About the Proper Uses of Cannabis« *Journal of Psychoactive Drugs* 17(3): 141-165

MÜLLER, Reinhold F. G.
1954 »Soma in der altindischen Heilkunde« in: *Asiatica – Festschrift Friedrich Weller*, S. 428-441, Leipzig: Otto Harrassowitz

MURTHY, K. R. Srikanta (Hg.)
1984 *Sarngadhara-Samhita (A Treatise on Ayurveda)*. Varanasi, Delhi: Chaukhamba Orientalia (Jaikrishnadas Ayurveda Series No. 58)

MYLIUS, Klaus (Hg.)
1981 *Älteste Indische Dichtung und Prosa*. Wiesbaden: VMA

SCHARFETTER, Christian
1976 »Ayurveda« *Schweizerische medizinische Wochenschrift* 106: 565-572

SHAH, N. C.
1982 »Herbal Folk Medicines in Northern India« *Journal of Ethnopharmacology* 6: 293-301

SHARMA, Priyavrat V.
1981 »Contributions of Sarngadhara in the Field of Materia medica and Pharmacy« *Indian Journal of History of Science* 16(1): 3-10
1985 *Caraka-Samhita – Critical Notes*. Varanasi, Delhi: Chaukambha Orientalia (Jaikrishnadas Ayurveda Series No. 36)

SINGH, M. P., S. B. MALLA, S. B. RAJBHANDARI & A. MANANDHAR
1979 »Medicinal Plants of Nepal – Retrospects and Prospects« *Economic Botany* 33(2): 185-198

THAKKUR, Ch. G.
1977 *Ayurveda: Die indische Heil- und Lebenskunst*. Freiburg i. Br.: Bauer

VAGHJI, Muni
1985 *Davasita – ein achthundert Jahre altes Buch indischer Heilmethoden und Rezepte*. Augsburg: Maroverlag

VETSCHERA, Traude & Alfonso PILLAI
1979 »The Use of Hemp and Opium in India« *Ethnomedizin* 5, 1/2 (1978/79): 11-23

WALLNÖFER, Heinrich
1990 *Ayurveda: Wissenschaft vom langen Leben*. Stuttgart: Verlag Stefanie Nagelschmid (edition hannemann)

Myan rtsi spras
Hanf in der tibetischen Medizin

Die tibetische Medizin hat ihre Wurzeln in der schamanistischen Urreligion Tibets, dem Bön-Glauben und den frühen Tantra-Lehren. Um die Jahrtausendwende wurde in Tibet der Buddhismus eingeführt und damit ayurvedisch-buddhistische Medizinkonzepte angenommen (CLIFFORD 1984). Weiterhin wurde die tibetische Medizin durch kulturellen Austausch mit Chinesen und Mongolen maßgeblich beeinflußt (PALOS 1981). So sind viele Elemente des Taoismus, der chinesischen Alchemie, der mongolischen Kräuterkunde und der volksbotanischen Kenntnisse der Hochgebirgsnomaden eingeflossen. Die sich daraus entwickelte lamaistische, d. h. in Klöstern gelehrte Medizin unterscheidet sich deutlich von der tibetischen Volksmedizin (DEVOE 1981). Die lamaistische Medizin ist im Grunde genommen eine umfangreiche Schulmedizin, die in den lamaistischen Klöstern intensiv gelehrt und studiert wird: »Die Medizin-Lamas mußten Grammatik, Mathematik, Astronomie, Astrologie, Logik und natürlich Philosophie und Buddhismus studieren. Vor der Prüfung, die mit einem Diplom abschloß, gingen die Studenten in die Berge, um zwischen dem 1. und 13. Juli Pflanzen zu sammeln. Bei der Prüfung erhielt derjenige den ersten Preis, der 200 Pflanzen bestimmen konnte. Nach dem theoretischen Studium wurden praktische Übungen durchgeführt. Endlich bestimmte die Regierung [in Lhasa], in welche Teile des Landes die nun ausgebildeten Ärzte geschickt wurden. Über die Dauer des Studiums gibt es unterschiedliche Angaben. Ein Charakteristikum war, daß die Bücher auswendig gelernt werden mußten.« (FINCKH 1991: 9)

Die tibetische Medizin erfährt heutzutage durch ihre »sanften« Behandlungsmethoden weltweite Anerkennung. Viele westliche Menschen haben mit ihr gute Erfahrungen gemacht (KAUFMANN 1985). Sie gibt sogar eine hoffnungsvolle Perspektive für Aids-Kranke (BARATTI 1991). Tibetisch-lamaistische Medizin wird heute in Tibet, Nepal, Bhutan, China, Indien, Ladakh, Sikkim, Darjeeling, in der Mongolei und in der Schweiz praktiziert.

Die Grundlage der lamaistischen Medizin ist der sogenannte Tibetische Medizin-Baum, der wie ein Lebensbaum einen roten Faden durch das tibetische Medizinsystem bildet (FINCKH 1990). Ihm entsprechend ist das medizinische

Grundlagenwerk *rGyub bzi*, die »Vier Tantras«, aufgebaut. Darin finden sich die grundlegenden Abhandlungen zur Kosmologie, Anatomie, Ätiologie, Diagnose (Pulsologie, Urinanalyse), Therapie (Moxibustion, Diätetik, Chirurgie), Arzneimittellehre und Pharmakologie (FINCKH 1991). Eine Serie von traditionellen Medizin-Thangkas, Rollbildern mit didaktischen und enzyklopädischen Inhalten, illustrieren die Vier Tantras (BYAMS-PA et al. 1987).

Das lamaistisch-tibetische Medizinbild basiert auf der Lehre der drei Säfte (der ayurvedischen *Tridosha)* oder Humores *Wind, Galle* und *Schleim.* Diese Säfte sind im Menschen wirksam und bestimmen dessen Gesundheit. Bei Krankheiten ist das Säfteverhältnis gestört und muß wieder in Harmonie gebracht werden. Dazu werden Ernährungsvorschriften, Anweisungen für Meditationen und Rituale (Lebensweise) gegeben und Arzneimittel verabreicht. Die tibetischen Arzneimittel stammen aus dem Pflanzen-, Mineral- und Tierreich. Jedes einzelne Arzneimittel (Rohdroge) ist eine Kombination aus den fünf Elementen (Feuer, Wasser, Erde, Wind, Äther) und hat dadurch einen charakteristischen »Geschmack«, d. h. eine bestimmte Wirkweise. Es gibt sechs Arten von »Geschmack«: süß, sauer, salzig, scharf, bitter und zusammenziehend. Diese Geschmacksarten sind mit den drei Körpersäften verbunden und wirken auf diese ein. Zum Beispiel werden Wind-Krankheiten von süß, sauer, salzig oder scharf überwunden. Die Wirkung der Arzneimittel wird mit acht Qualitäten beschrieben: schwer, fettig, kühl, derb, leicht, rauh, heiß und streng. Wind-Krankheiten z. B. werden durch Arzneien, die schwer und fettig wirken, beseitigt. In der tibetischen Medizinliteratur nehmen Gechmack und Wirkung der Arzneimittel einen großen Raum ein und sind immer mit den drei Säften verbunden. Nach diesen Prinzipien werden die aufwendigen Arzneimischungen komponiert (DONDEN 1990, FINCKH 1991).

Hanf ist seit frühesten Zeiten ein fester Bestandteil der tibetischen Pharmakopöe (HÜBOTTER 1957, PALOS 1981: 25, 35). Er wird in den »Vier Tantras« erwähnt und ist in zwei unterschiedenen Formen auf den klassischen Medizinthangkas dargestellt (BYAMS-PA et al. 1987: 190). Beide Pflanzen sind weiblich. Neben den Pflanzen sind Schalen mit Samen abgebildet. Die eine Pflanze wird lediglich *myan rtsi spras*, »Hanf«, genannt; die andere trägt den Zusatz »Minderwertiger Hanf aus Tibet«. Offensichtlich wird fremdländischer, d. h. importierter, wohl in erster Linie Indischer Hanf, medizinisch höher eingeschätzt. In der Tat hat der im warmen Süden gedeihende Hanf eine weit höhere Wirkstoffkonzentration. Hanf taucht unter den Synonymen *kha lu mu ta, ba lu mu tra, su ksnai mu la, sug sme la nu la, ha ri ta, szo yi, dzam yam, sza yi tri dza yam tri, dza ya nitri, bi dza ya, a ba ra ti* und *apa ra ti* in verschiedenen tibetischen Pharmakopöen auf (DASH 1987: 346f.).

Der tibetische Medizinbuddha gilt als der erste Lehrer der Heilkunde. Er hat den Menschen alles Wissen um die medizinischen Wirkungen und Qualitäten der Heilkräuter gebracht. Der Legende nach hat sich der weltliche Siddharta, bevor er zum erleuchteten Buddha wurde, lediglich von einem Hanfsamen pro Tag ernährt *(tibetischer Holzblockdruck)*.

Die medizinischen Eigenschaften des Hanfs werden genau definiert:

> »Hanf ist bitter im Geschmack, heiß in der Energie, scharf, verstopfend, leicht, blähungswidrig, lindert *kapha* [Schleim] und aggraviert *pitta* [Galle]. Er bewirkt das Gefühl von Heiterkeit, Berauschung und regt die Verdauung an. Er macht eine Person gesprächig.« (zit. in DASH 1987: 347)

Der psychoaktive Effekt von Hanfprodukten ist bereits in dem Medizinthangka »Gifte und ihre Zusammensetzung«, entsprechend dem 87. Kapitel des Medizintextes *Man-ngag-rgyud, Vaidurya sNgon-po,* angeführt: »Ein Gemisch aus Fisch, Butter, Rettich, Ei, Pflanzenöl und Hanfsamen. Das Verdauen solcher Gemische bewirkt Berauschung.« (BYAMS-PA et al. 1987: 341)

Der Hanf ist *pittala* und wird deshalb hauptsächlich als Arznei bei Krankheiten und Störungen, die durch die Galle *(pitta)* bedingt sind, verwendet. Die Galle reguliert die aktivierenden, erwärmenden Stoffwechselfunktionen und ist in der Leber konzentriert. Eine *pittala*-Arznei regt besonders die Funktionen der Leber, und damit das Verdauungsfeuer an. Hanf wird aufgrund seiner antiphlegmatischen (schleimhemmenden) Wirkung hauptsächlich bei Nervenerkrankungen, Erkrankungen der Verdauungsorgane, der Atemwege, der Haut, der Lymphgefäße und Genitalien innerlich verordnet. Die Liste der Krankheiten, bei denen der Hanf als Heilmittel eingesetzt wird, umfaßt Rheumatismus, Tierbisse, Skorpionsstiche, Entzündungen, Lepra, Krämpfe, Durchfall, Cholera, Urinverhalt, Schnupfen, Husten und intestinalen Wurmbefall. Sehr häufig wird er bei Eiter-Erkrankungen, besonders bei vereiterten Ohren, innerlich genommen. Vereiterungen der Ohren entstehen durch übermäßige Flüssigkeitsproduktion im Kopf. Der Hanf trocknet diese überschüssige Flüssigkeit aus und läßt den Eiterfluß versiegen (TOUW 1981).

Aus vergangenen Jahrhunderten sind Berichte einer tibetischen Arznei namens *Momea* oder *Mumio* überliefert. Dieses tonisierende Mittel soll aus Erdpech, Exkrementen, Menschenfleisch, Schädelknochen und Hanf bestanden haben (vgl. RÄTSCH o.D.). Diese Rezeptur erinnert an schwarzmagische Bön-Praktiken zur Herstellung des Elixiers der Unsterblichkeit.

Als volksmedizinisches Hausmittel wird der Hanf zur Entspannung und als Aphrodisiakum getrunken oder geraucht (SHARMA 1977b). Gelegentlich werden Hanfpräparate bei der Niederkunft oder kurz nach der Geburt gegeben, um die durch den Geburtsvorgang geschwächte Mutter zu stärken, vor dem Kindbettfieber und einer Geburtspsychose zu schützen. Die pulverisierten Blätter junger Hanfpflanzen werden mit Honig vermischt als Tonikum eingenommen. Diese Kombination soll die Jugend erhalten, die Lebenskräfte vermehren, die sexuelle

Potenz steigern, sowie die Farbe und Beschaffenheit der Haare erhalten bzw. verbessern (TOUW 1981). Hanf wird auch zur Leistungssteigerung (Doping!) bei Hochgebirgswanderungen und zur Behandlung von Schwindel und Höhenkrankheit geraucht. Hanfsamen sowie das daraus gewonnene Öl (nicht mit Haschischöl zu verwechseln) sind außerdem ein wichtiges Nahrungsmittel. Außerdem werden aus den Fasern Seile gedreht und Papier hergestellt.

Der Hanf ist für die Tibeter eine heilige Pflanze, die oft bei Klöstern und Höfen angebaut wird. In der lamaistischen Tradition heißt es, daß Buddha sich in den sechs asketischen Jahren vor seiner Erleuchtung lediglich von einem Hanfsamen täglich ernährt hat. Somit sind Hanfsamen ein wesentliches Fastengericht der Asketen. Klösterliche Bücher wurden schon seit Übernahme des Buddhismus auf Hanfpapier gedruckt.

Im tantrischen Buddhismus (Vajrayana) wurden oder werden psychoaktive Hanfgetränke zur Meditation über die kosmische Vereinigung von Buddha und dessen Shakti *(yab/yum)* oder für die tatsächlich physisch vollzogene Vereinigung von Tempeldienerinnen und Mönchen (vgl. GRIEDER 1990: 152ff.) verwendet. Der aphrodisierende Hanf gilt dabei als »Nahrung der Kundalini«, der weiblichen feinstofflichen Schöpferkraft, die die Sexualenergie in spirituelles Erleben transformiert. Der Hanftrunk wird ca. 1 1/2 Stunden vor der Meditation oder dem *yab/yum*-Ritual eingenommen, damit dessen Wirkungshöhepunkt mit dem Beginn der geistigen oder körperlichen Tätigkeit eintritt. Der Hanf steigert dabei die meditative Konzentration, verbessert die Aufmerksamkeit der Zeremonie gegenüber und regt die Sexualität an (ALDRICH 1977, TOUW 1981).

Rezepte

Hanf ist Bestandteil mehrerer wichtiger, oft gebrauchter tibetischer Kombinationspräparate, die schon in den alten Medizinbüchern auftauchen (nach TSARONG 1986).

A-RU 35 – Myrobalan 35

Inhaltsstoffe:
- Pflanzen: *Terminalia chebula, Carthamus tinctorius, Rubia cordifolia, Mucuna prurita, Symplocos crataegoides, Swertia chirata, Cupressa torulosa, Eletteria cardamomum, Terminalia belerica, Emblica officinalis, Caesalpinia bonducella, Eugenia jambolana, Verbascum thapsus, Malva verticillata, Mirabilis himalaica, Acorus calamus, Aconitum spicatum, Tribulus terrestris, Polygonatum cirrhifolium, Pholgacanthus pubinervius, Tinospora cordifolia, Shorea robusta, Cassia tora, Cannabis sativa, Sinapsis alba, Saussurea lappa* und *A'-'bras*
- Tierprodukte: Krebspanzer, Moschus, Eselsblut
- Minerale: Erdpech, Gya-tsod-Salz, Salpeter, Zinnober

Anwendung bei Nierenentzündung, Hüftschmerzen, Gicht, Arthritis, Lymphgefäßerkrankungen, eitrigem Urin; 1-1,5 g morgens oder abends in warmem Wasser einnehmen.

bSAM-'PHEL NOR-BU – Geiststeigerndes Juwel

Inhaltsstoffe:
- Pflanzen: *Carthamus tinctorius, Bambusa textilis, Eugenia caryophyllata, Myristica fragrans, Elettaria cardamomum, Amomum subulatum, Santalum album, Pterocarpus santalinus, Aquilaria agallocham, Terminalia chebula, Glycyrrhiza glabra, Verbascum thapsus, Terminalia belerica, Emblica officinalis, Foeniculum vulgare, Nigella sativa, Piper longum, Zingiber sp., Cinnamomum zeylanicum, Cinnamomum camphora, Cassia tora, Cannabis sativa, Inula racemosa, Saussurea lappa, Fragaria nilgeernsis*
- Tierprodukte: Austernschale, Hirschhorn, Krebsschale, Gallenstein vom Elefanten, Moschus

Anwendung bei Entzündungen der Nerven und Blutbahnen, zur Stärkung von Gehirn und Rückenmark, Krämpfen der Extremitäten, Fehlfunktion der Sinne, Schmerzen in Nieren, Hüfte und Wirbeln, Verzerrungen von Mund und Augen; 2-3 g zweimal täglich mit heißem Wasser einnehmen.

ZHI-BYED 29 – Ruhe 29

Inhaltsstoffe:
- Pflanzen: *Inula racemosa, Terminalia chebula, Plumbago zeylanica, Myristica fragrans, Piper longum, Cassia tora, Elettaria cardamomum, Asiantum pedatum, Piper nigrum, Amomum subulatum, Zingiber officinale, Rheum palmatum, Tinospora cordifolia, Carthamus tinctorius, Aristolochia moupinensis, Commiphora camphora, Cannabis sativa, Hedychium spicatum*, Ruß und Rettich-Asche
- Tierprodukte: gebrannte Kaurischnecken *(Cypraea spp.)*
- Minerale: Calcit, Soda, Kalkstein, Erdpech, schwarzes Salz

Anwendung bei Schmerzen (als Analgetikum), Tumoren, Verdauungsstörungen, Magen-, Bauch- und Leberschmerzen; 2–3 g zweimal täglich mit heißem Wasser einnehmen.

BYI-THANG 7 – Embelia 7

Inhaltsstoffe:
- Pflanzen: *Embelia ribes, Allium sativum, Butea frondosa, Cannabis sativa, Iris ensata, Artemisia nestita*
- Tierprodukt: Moschus

Anwendung bei Hämorrhoiden und Wurmbefall; 2–3 g morgens mit heißem Wasser auf nüchternen Magen oder per rectum als Klistier; als Salbe äußerlich bei Hautjucken.

KLU-bDUD 18 – Codonopsis 18

Inhaltsstoffe:
- Pflanzen: *Codonopsis nervosa, Aconitum balfourii, Cassia tora, Corydalis meifolia, Acorus calamus, Tinospora cordifolia, Terminalia chebula, Gymnadenia crassinervis, Terminalia belerica, Commiphora camphora, Cannabis sativa, Acacia catechu, Commiphora mukul, Veronica ciliata, Emblica officinalis, Aconitum heterophyllum, Saussurea lappa*
- Minerale: Erdpech

Anwendung bei Störungen des Lymphsystems, Entzündungen, Schmerzen, Rheuma, Gicht, geschwollenen Füßen, Nasennebenhöhlenerkrankungen, Abszessen, Juckreiz, Lepra; 2–3 g einmal in der Nacht mit heißem Wasser einnehmen.

bSE-RU 25 – Nashorn 25

Inhaltsstoffe:
- Pflanzen: *Myristica fragrans, Eugenia caryophyllata, Elettaria cardamomum, Bambusa textilis, Amomum subulatum, Crocus sativus, Saussarea lappa, Santalum album, Pterocarpus santalinus, Mesua ferrea, Cassia tora, Cannabis sativum, Foeniculum vulgare, Meconopsis grandis, Veronica ciliata, Geranium sp., Terminalia chebula, Emblica officinalis, Hippophae rhamnoides, Onosma hookeri*
- Tierprodukte: Rhinoceros-Horn, Hirschhorn, Bergschafhorn, Gallenstein vom Elefanten

Anwendung bei allen Erkrankungen der Lunge und Atemorgane, besonders um den Eiterauswurf anzuregen und Blut oder Serum aus der Lunge zu treiben; 2–3 g täglich morgens oder mittags mit heißem Wasser oder (Yak-)Milch einnehmen.

dNGUL-CHU 18 – Quecksilber 18

Inhaltsstoffe:
- Pflanzen: *Cannabis sativa, Bambusa textilis, Commiphora mukul, Carthamus tinctorius, Terminalia chebula, Eugenia caryophyllata, Ferula jaeschkeana, Myristica fragrans, Acorus calamus, Elettaria cardamomum, Amomum subulatum, Aconitum balfourii, Cinnamomum camphora, Oxytropis chiliophylla, Cassia tora, Acacia catechu*
- Tierprodukt: Moschus
- Minerale: Gereinigtes und entgiftetes Quecksilber

Anwendung bei Entzündungen und/oder Schmerzen in Gliedern, Wirbeln und Gelenken, Rheuma, Schnupfenerkrankungen; 1 g täglich mit heißem Wasser einnehmen.

dNGUL-CHU 25 – Quecksilber 25

Inhaltsstoffe:
- Pflanzen: *Cannabis sativa, Bambusa textilis, Commiphora mukul, Carthamus tinctorius, Eugenia caryophyllata, Ferula jaeschkeana, Myristica fragrans, Acorus calamus, Elettaria cardamomum, Amomum subulatum, Commiphora camphora, Oxytropis chiliophylla, Verbascum thapsus, Mucuna prurita, Caesalpinia bonducella, Eugenia jambolana, Gnaplium affine, Saussurea lappa, Cassia tora* und A'-'bras
- Tierprodukt: Moschus
- Minerale: Gereinigtes und entgiftetes Quecksilber, Schwefel, Steinsalz, Erdpech

Anwendung bei Epilepsie, Lepra, Tumoren, Ödem, Lymphknoten, Halsentzündung, Epiglottitis, geschwollenen Füßen, Gicht, Rheuma, besonders bei Störungen der Nierenfunktion; 1 g täglich mit heißem Wasser einnehmen.

sPOD-KHYUNG 15 – Garuda des Kampfer 15

Inhaltsstoffe:
- Pflanzen: *Commiphora camphora, Cassia tora, Cannabis sativa, Terminalia chebula, Terminalia belerica, Emblica officinalis, Veronica ciliata, Tinospora cordifolia, Acacia catechu, Saussurea lappa, Commiphora mukul, Acorus calamus, Aconitum balfourii*
- Tierprodukt: Moschus
- Minerale: Erdpech

Anwendung bei Entzündungen, Schmerzen, Magenübersäuerung, Schwellungen und Schmerzen in den Gelenken; 1–2 g vor dem Schlafengehen mit heißem Wasser einnehmen.

Bei all diesen Rezepten fällt auf, daß die meisten Zutaten Gewürze (Nelken, Muskat, Zimt, Cassie, Teufelsdreck, Pfeffer, Fenchel, Ingwer, Kardamom), Nahrungsmittel (Bambus, Knoblauch, Bananen, Früchte) oder Aromastoffe (Moschus, Kampfer, gelbes oder rotes Sandelholz, Aloenholz, Catechu) sind. Nur selten sind pharmakologisch hochaktive Drogen (wie z. B. *Aconitum*) genannt.

Leider werden in den tibetischen Arzneimittellehren so gut wie nie Mischungsverhältnisse und Mengen angegeben. Allerdings werden beim Mischen der Arzneien oft gleiche Teile der Inhaltsstoffe genommen.

Literatur

ALDRICH, Michael R.
1977 »Tantric Cannabis Use in India« *Journal of Psychedelic Drugs* 9(3): 227-233

BARATTI, Alfredo
1991 »Von Einsicht, Hoffnung und Wohlergehen« *Dao* Nr. 2: 51-55

BYAMS-PA 'PHRIN-LAS, Wang LEI & Cai JINGFENG
1987 *Tibetan Medical Thangka of the Four Medical Tantras.* Lhasa: People's Publishing House of Tibet

CLIFFORD, Terry
1984 *Tibetan Buddhist Medicine and Psychiatry: The Diamond Healing.* York Beach, Maine: Samuel Weiser

DASH, Vaidya Bhagwan
1987 *Illustrated Materia Medica of Indo-Tibetan Medicine.* Delhi: Classic India Publication

DEVOE, Dorsh Marie
1981 »An Introduction to Tibetan Folk Medicine« *Curare* 4: 57-63

DONDEN, Yeshi
1990 *Gesundheit durch Harmonie: Einführung in die tibetische Medizin.* München: Diederichs

FINCKH, Elisabeth
1990 *Der tibetische Medizin-Baum.* Uelzen: Medizinisch Literarische Verlagsgesellschaft
1991 »Tibetische Medizin: Eine Einführung« *Salix* 7(1): 5-43

GRIEDER, Peter
1990 *Tibet: Land zwischen Himmel und Erde.* Olten: Walter-Verlag

HÜBOTTER, F.
1957 *Chinesisch-Tibetische Pharmakologie und Rezeptur.* Ulm: Karl Haug Verlag

KAUFMANN, Richard
1985 *Die Krankheit erspüren: Tibets Heilkunst und der Westen.* München: Piper

PÁLOS, Stephan
1981 *Tibetisch-Chinesisches Arzneimittelverzeichnis.* Wiesbaden: Otto Harrassowitz

RÄTSCH, Christian
o. D. »Mumio – Neues aus der Dreckapotheke«. Hamburg: MS

SHARMA, G. K.

1977a »Cannabis Folklore in the Himalayas« *Botanical Museum Leaflets*, Harvard University, Vol. 25(7): 203-215

1977b »Ethnobotany and Its Significance for Cannabis Studies in the Himalayas« *Journal of Psychedelic Drugs* 9(4): 337-339

TOUW, Mia

1981 »The Religious and Medicinal Uses of Cannabis in China, India and Tibet« *Journal of Psychoactive Drugs* 13(1): 23-34

TSARONG, T.[sewang] J.[igme]

1986 *Handbook of Traditional Tibetan Drugs*. Kalimpong (Darjeeling): Tibetan Medical Publications

1991 »Tibetan Psychopharmacology« *Integration* 1: 43-60

Kancha

Hanf in der südostasiatischen Medizin

In Südostasien (Festland und Inselreich) ist der Hanf heutzutage weit verbreitet. Seine dort gebräuchlichen Namen *kancha, kanhcha, kânhcha:, kan xa* und *cân xa* deuten darauf hin, daß der Hanf aus Indien oder dem Himalayaraum nach Südostasien gelangt ist. Er wird seit langem medizinisch und hedonistisch genutzt. Er ist heute sogar bei den eingeborenen Völkern der Philippinen, etwa den Igorot (ALEGRE 1980: 38, 60), genauso bekannt wie bei den Papuas auf Neuguinea (STERLY 1979). Die südostasiatischen Medizinsysteme sind Mischformen verschiedener Traditionen. In ihnen sind Elemente aus der chinesischen Medizin, dem Ayurveda, der eingeborenen Heilkunst und der bäuerlichen Volksmedizin mit animistischen, schamanistischen, buddhistischen, islamischen und westlich-naturwissenschaftlichen Einflüssen verschmolzen. In Thailand gibt es sogar eine ayurvedische Vereinigung *(Ayurvedic Association of Thailand).* Trotz der mannigfaltigen Einflüsse ist der medizinische Gebrauch von Hanf und Hanfprodukten in Ost- und Südostasien recht einheitlich (PERRY & METZGER 1980).

In Thailand ist seit 1971 der hedonistische Gebrauch von Hanf verboten und der (volks)medizinische Gebrauch gesetzlich geregelt. Hanf (Blätter, Blüten, Stengel) darf nur in Kombination mit anderen Heilmitteln verordnet und benutzt werden (MARTIN 1975: 67). Die ayurvedische Anwendung des Hanfes in Thailand entspricht weitgehend der indischen. Eine Hustenmedizin wird aus dem getrockneten Hanf bereitet, der auf einer Platte aus dem Holz des Brechnußbaumes *(Strychnos nux-vomica)* zerhackt wurde, und mit Spänen des strychninhaltigen Holzes vermischt ist. Diese Anwendung ist auch aus Kambodscha bekannt (MARTIN 1975: 67). Hanf wird oft mit Sandelholz kombiniert als Tee getrunken, um Schwindelanfälle zu beheben und die Funktionen von Herz, Leber und Lunge anzuregen. Bei Cholera wird Hanf in kräftigen Zubereitungen eingenommen; zudem wird das Wasser aus der Wasserpfeife getrunken (MARTIN 1975: 71). Da es in Thailand durch die politischen Hanfgesetze oft zu Knappheit der Droge kommt, werden verschiedene Pflanzen als Substituenten benutzt: Blätter vom Kratom-Baum *(Mitragyne speciosa)* oder das gesamte Kraut eines Korbblütlers *(Grangea darerasparana).* Als Mittel gegen den Cannabisrausch werden in Thailand die Wurzeln der *ra:k ya: nang dêng*-Pflanze (vermutlich eine Anarcardiacee) als Tee oder Dekokt getrunken (MARTIN 1975: 69).

Malaysia ist das Land mit den härtesten Drogengesetzen der Welt. Hanf ist total verboten, wer mehr als 200 g besitzt, landet am Galgen. Dadurch ist der hedonistische und medizinische Hanfgebrauch in der neueren Zeit doch stark zurückgegangen. Den malayischen Heilern, den *bomor, pawang* oder *poyang* genannten Schamanen (ELIADE 1975: 329), sind die psychoaktiven Wirkungen des Hanfs gut bekannt. Er gehört in verschiedener Zubereitung zu ihrem traditionellen Arzneischatz. Er ist Bestandteil einer in Kelantan verwendeten narkotischen und/oder aphrodisierenden Mixtur (GIMLETTE 1981: 220). Zu Anfang dieses Jahrhunderts wurde ein chinesisches Hanf-Rezept in die malayische medizin eingeführt. Das Medikament *Tai Foong Chee* besteht aus den Samen von *Hydnocarpus anthelmintica* und *Cannabis indica* und wird bei der Lepra-Behandlung eingesetzt (GIMLETTE & THOMSON 1968).

In Laos, Kambodscha und Vietnam ist Hanf als Heilmittel legal und jedem zugänglich. Er gilt überall als Schmerz- und Entspannungsmittel, besonders bei Migräne und Steifheit. Diese Eigenschaften werden ihm sowohl in der Volksmedizin als auch in den staatlichen Pharmakopöen dieser Länder zuerkannt (MARTIN 1975: 70).

In Kambodscha wird Hanf nicht nur als Genußmittel verwendet. Das ganze getrocknete Kraut wird auf dem Markt frei verkauft, denn es ist ein wesentlicher Bestandteil würziger, anregender Suppen, die in zahlreichen kambodschanischen Restaurants angeboten und gerne gegessen werden. Für die Khmer gehört das Rauchen von Hanf (Blätter und Blüten) zu den guten Sitten und ist bei gesellschaftlichen Anlässen obligatorisch (MARTIN 1975: 74). Der Hanf wird in erster Linie als Heilmittel betrachtet, egal ob er prophylaktisch (= hedonistisch und rekreativ) oder therapeutisch eingesetzt wird. Kranken, ganz gleich an welcher Krankheit sie leiden, werden oft kleine Hanfmengen unter die sonstigen Arzneimittel gemischt, damit sie sich einfach besser fühlen und wieder mit Appetit Nahrung zu sich nehmen. Man gibt ihnen auch ein Dekokt aus der ganzen Pflanze zweimal täglich, jeweils vor dem Mittag- und Abendessen zu trinken oder einen Joint zu rauchen (MARTIN 1975: 70).

Zigaretten, die aus den hohlen Stengeln der *chkaê sraêng*-Pflanze *(Cananga latifolia),* gestopft mit Hanfkraut, bestehen, sollen täglich geraucht dazu führen, daß sich Polypen in der Nase zurückbilden und gänzlich verschwinden. Eine Rauchmischung aus Hanf und Tabak soll den übermäßigen Gallefluß eindämmen. Wer an Malaria leidet, soll zweimal täglich je 500 g männliche und weibliche Hanfblätter mit Hilfe eines Wasserbades inhalieren (MARTIN 1975: 70, 71).

In Kambodscha werden Hanfpräparate (Tees, Blüten-Dekokte, Tinkturen) oft von Müttern nach der Entbindung zur Wiederherstellung ihrer Kräfte und ihrer allgemeinen Gesundheit eingenommen. Ebenfalls werden Hanfzubereitungen genommen, um die Milchproduktion anzuregen. Komplikationen nach der Geburt werden meist auf das Übertreten von Nahrungstabus während der Schwangerschaft zurückgeführt. Liegt ein derartiger Fall vor, wird ein alkoholischer oder wässriger Auszug von Hanf und anderen Heilpflanzen dreimal täglich getrunken, solange bis die Beschwerden abgeklungen sind.

In Vietnam wird der Hanf sehr ähnlich wie in der chinesischen Medizin, die wohl als Haupteinfluß auf die traditionelle vietnamesische Heilkunst zu betrachten ist, benutzt. In Vietnam werden hauptsächlich die Samen, getrocknet oder geröstet, medikamentös eingesetzt. Sie werden bei Gedächtnisstörungen, Verwirrtheitszuständen, vorzeitigem Altern, Geburtsschmerzen, ausbleibender Regel und Blutvergiftung verordnet (MARTIN 1975: 72).

In Laos wird der Hanf viel weniger als in den angrenzenden Nachbarländern verwendet, weil das wichtigste (Volks)Heilmittel das Opium ist. Hanftrünke aus den Blättern und Blüten werden bei Bauchschmerzen und Magenschwellung getrunken. Die einheimischen Zauberer behandeln Besessene mit Hanfrauch. Meist wird den Besessenheitsgeistern auch ein Hanfrauch-Opfer dargebracht (MARTIN 1975: 72f.).

Rezepte

MITTEL GEGEN KRÄMPFE (Thailand)

kancha (Cannabis indica)
ma ha hing (Ferula sp.)
rong thäng (Garcinia hanburgyi)
kläy-Knollen *(Dioscorea sp.)*
sa mä thai-Früchte *(Terminalia chebula)*
sa mä phi phek-Früchte *(Terminalia belerica)*
sa khàn-Früchte *(Piper sp.)*
di phli-Früchte *(Piper retrofactum)*
ka dàt thâng song (eine Aracee)
kan phlu (Eugenia aromaticus)
khon thi sä-Blätter *(Vitex trifolia)*
swàt-Blätter *(Caesalpinia sp.)*
thiam dam (Abroma augusta)
thian khaw-Blätter *(Lawsonia inermis* – Henna*)*
òp choy-Stengel *(Cinnamomum sp.)*
prik thai-Früchte *(Piper nigrum)*
matum-Früchte, unreif *(Aegle marmelos)*
same-Herzen *(Aegiceras corniculatum)*

Der Hanf, als Hauptbestandteil, wird zermahlen und mit Honig und den anderen zerkleinerten Pflanzen vermischt.

HANFTINKTUR (Thailand)

kancha-Blüten *(Cannabis indica)*
kòt cù la lampha-Kraut *(Artemisia vulgaris)*
can-Früchte/-Blüten *(Myristica sp.)*
Pfefferkörner *(Piper nigrum, Piper chaba, Piper sp.)*
Ingwer *(Zingiber officinale)*
òp choy-Rinde *(Cinnamomum sp.)*
sà mun la weng (Cinnamomum sp.)
Khop chà nang thang song (Salacia flavescens)
sannu – Arsenik (?)

Alle Zutaten werden zerkleinert, vermischt und in reinem Alkohol mazeriert. Die abgeseihte Tinktur wird bei Hämorrhoiden, Kehlkopf-Polypen und Geschwüren im Darm- und Genitalbereich verwendet.

ASTHMA-RAUCHMISCHUNG (Thailand)

kancha-Blüten *(Cannabis indica)*
Tabak *(Nicotiana rustica)*

Hanf und Tabak werden zu gleichen Teilen gemischt und nach Bedarf bei asthmatischen Erscheinungen in Zigarettenform mit tiefen Lungenzügen geraucht.

NARKOTISCH/APHRODISISCHE MISCHUNG (Malayisch)

ganja (Hanfblüten)
chandu (Opium)
kechubong (Samen von *Datura fastuosa*)
ikan keli (Schleimabsonderung vom Wels)
merunggai (Saft von *Moringa pterygosperma)*
sago (Marksaft der Sago-Palme)

Leider sind keine Mengenangaben überliefert. Diese Mixtur erinnert stark an die »Orientalischen Fröhlichkeitspillen« (RÄTSCH 1991).

TAI FOONG CHEE (chinesisch-malayisches Lepramedikament)

2 Teile Chaulmoogra-Samen *(Hydnocarpus anthelmintica)*
1 Teil Hanfblüten/-blätter (Marihuana) *(Cannabis indica)*

Nachdem die *Hydnocarpus*-Samen zerstampft und gesiebt wurden, werden sie mit dem Marihuana vermischt. Zur äußeren, örtlichen Behandlung. (In der chinesischen Medizin besteht das Lepra-Heilmittel aus *Hydnocarpus*-Samen, Kalomel und Sesamöl)

SCHMERZ- UND ENTSPANNUNGSMITTEL (Kambodscha, Thailand, Laos, Vietnam)

Sonnengetrocknete Hanfblätter (meist männliche und weibliche) werden gekocht (ca. 5 g pro 1/4 l Wasser). Es können auch andere (aromatische) Pflanzen hinzugefügt werden. Dieses Dekokt wird gegen Migräne und Steifheit vor dem Schlafengehen oder vor dem Abendessen getrunken.

VERDAUUNGSTRUNK (Kambodscha)

têpiru-Rinde (Myrtengewächs)
sâmbä lvêng (Cinnamomum sp.)
kânhcha (Cannabis indica)

Zutaten vermischen und mit Wasser kochen; ein Glas voll vor jeder Mahlzeit trinken.

MILCHPRODUZIERENDER TRUNK (Kambodscha)

sâmbä lvêng-Stengel *(Cinnamomum sp.)*
kânhcha-Blüten *(Cannabis indica)*
dâng kwen (Tetracera loureiri)
sdok sdao (Walsura villosa)
vä kro:c (Illigera sp.)

Alle Zutaten werden vermischt und gekocht; zweimal pro Tag ein Glas trinken.

MEDIZINISCHE HANFTINKTUR (Kambodscha)

kânhcha-Blüten *(Cannabis indica)*
têpiru-Rinde (Myrtengewächs)
khtom-Rinde *(Mitragyna sp.)*
sâmbä lvêng-Stengel *(Cinnamomum sp.)*
sdok sdao-Rinde *(Walsura villosa)*
matum-Rinde *(Aegle marmelos)*

Alle Zutaten werden mit reinem Alkohol bedeckt und für mehrere Tage mazeriert; bei nachgeburtlicher Steifheit.

Literatur

ALEGRE, Dennis G.
1980 *Sagada: A Survey of the Folk Herbal Practices of the Sagada Igorots in Mountain Province and Some Important Implications.* Los Baños/Luzon: College of Agriculture, University of the Philippinen (MS)

ELIADE, Mircea
1975 *Schamanismus und archaische Ekstasetechnik.* Frankfurt/M.: Surhkamp

GIMLETTE, John D.
1981 *Malay Poisons and Charm Cures.* Kuala Lumpur: Oxford University Press (Oxford in Asia Paperbacks) [Reprint von 1929].

GIMLETTE [, John D.] & THOMSON
1968 »A Dictionary of Malayan Medicine, 1939« in: G. ANDREWS & S. VINKENOOG (Hg.), *The Book of Grass,* S. 146, New York: Grove Press

MARTIN, Marie Alexandrine
1975 »Ethnobotanical Aspects of Cannabis in Southeast Asia« in: V. RUBIN (Hg.), *Cannabis and Culture,* S. 63-75, The Hague: Mouton

PERRY, Lily & Judith METZGER
1980 *Medicinal Plants of East and Southeast Asia.* Cambridge, London: MIT Press

RÄTSCH, Christian
1990 *Die »Orientalischen Fröhlichkeitspillen« und verwandte psychoaktive Aphrodisiaka.* Berlin: VWB

STERLY, Joachim
1979 »Cannabis am oberen Chimbu, Papua New Guinea« *Ethnomedizin* 5(1/2): 175-178

Penka
Das Hanfritual der Skythen

HERODOT aus Halikarnassos (ca. 500–424 v. Chr.) gilt als der Begründer der Ethnographie, aber auch des Abenteuer- und Bildungstourismus. Der Grieche floh wegen politischer Wirren aus seiner Heimat, studierte lange Zeit in Athen, lebte auf Samos und unternahm zwischen 455 und 444 v. Chr. ausgedehnte Reisen nach Ägypten, Syrien, Zypern, Kleinasien, Nordgriechenland, Thrakien, Makedonien bis hoch in die Krim. HERODOT verfaßte das Standardwerk der Antike zur Geographie, Geschichte und Ethnographie des östlichen Mittelmeerraumes. In seinen *Neun Büchern der Geschichte* finden wir heute das wertvollste ethnohistorische Material über die Kultur der Ägypter, Babylonier, Lybier, Hyperboreer und Skythen. Im Altertum war der Name Skythen eine Sammelbezeichnung für nomadisierende Reitervölker, die am Schwarzen Meer, entlang der Donau und in Südrußland lebten und verschiedene indoiranische Sprachen oder Dialekte sprachen (PAVLINSKAYA 1989: 19). Viele skythische Stämme hatten ausgedehnte Handelsbeziehungen mit den Pontos-Griechen aufgebaut. Sie galten als wilde Krieger und waren ein allseits gefürchtetes und respektiertes Volk. Sie verhinderten auch das gewaltsame Eindringen der Perser in den Pontos.

HERODOT hat der Kultur der Skythen ein umfangreiches Kapitel in seinem Werk gewidmet. Er beschreibt darin die Sozialstruktur, Religion, Mythologie und die skythischen Sitten, die er immer wieder mit den griechischen, d. h. hellenistischen vergleicht. Besonders hat ihn ein Begräbnis- oder Totenritual beeindruckt:

> »Nach dem Begräbnis aber reinigen sich die Skythen auf folgende Art: Nachdem sie sich die Köpfe gewaschen und gesalbt haben, machen sie mit dem Körper folgendes: Nachdem sie drei gegeneinander gekehrte Stangen aufgestellt haben, breiten sie darüber wollene Filzdecken aus, und nachdem sie sie möglichst dicht zusammengestopft haben, werfen sie aus einem Feuer glühende Steine in eine Wanne, die inmitten des durch die Stangen und Filzdecken gebildeten Raumes steht.
>
> Nun wächst in ihrem Lande der Hanf, der ganz das Aussehen von Flachs hat, nur daß er viel dicker und höher ist. Er wächst von selbst, wird aber auch gesät; ja, die Thraker fertigen sich auch Tücher daraus, die den leine-

nen sehr ähnlich sind, und wer sich nicht genau darauf versteht, würde nur schwer unterscheiden können, ob sie von Flachs oder Hanf sind. Wer aber noch nie Hanf gesehen hat, wird meinen, es sei Leinen.
Vom Samen dieses Hanfes nehmen die Skythen, wenn sie unter das Filzzelt schlüpfen, und werfen ihn auf die glühroten Steine; das gibt dann einen Qualm und einen Dampf, daß kein hellenisches Schwitzbad dagegen ankommt. Die Skythen fühlen dabei ein wohliges Behagen, daß sie vor Lust aufjubeln. Es dient ihnen anstatt eines Bades; denn sie baden nicht im Wasser. Nur ihre Weiber gebrauchen Wasser für eine Mischung aus Zypressen-, Zedern- und Weihrauchholz, das sie an einem rauhen Stein zerreiben. Damit bestreichen sie sich den ganzen Leib und das Gesicht; denn das gibt ihnen einen lieblichen Duft, und wenn sie am folgenden Tag das Pflaster herabnehmen, haben sie eine reine und glänzende Haut.« (IV, 73-75)

Offensichtlich waren die Hanfsamen noch in den Blütenständen verhaftet, denn wie hätte sonst ein »Qualm und Dampf« entstehen können, der die Skythen aufjauchzen läßt. Wahrscheinlich wird hier eine »Kulthandlung beschrieben, bei der die Angehörigen des Toten in schamanistischer Trance die Seele des Abgeschiedenen ins Jenseits geleiten. Es handele sich um eine Form des ›Familienschamanismus‹, bei der noch kein ausgeprägtes Spezialistentum auftritt.« (JETTMAR 1981: 310) Das Ritual dient also zum einen dem Seelenheil des Verstorbenen und zum anderen dem Seelenheil der Hinterbliebenen (ELIADE 1975: 376ff.). Der Hanf erweicht hier die Schranken des Todes und läßt die Menschen an der Unsterblichkeit der Seele teilhaben: eine kollektive Bewältigung der Trauer durch den Körper und Geist reinigenden Effekt des Hanfes, eine Vorbeugung gegen Depressionen. Ähnliche Rituale waren auch anderen Stämmen des Altertums bekannt. So wußten die Thraker, wie sie sich einen heilenden Rausch verschaffen konnten. Die Massageten, ein Nomadenstamm aus Zentralasien, lagerten gemeinsam an Feuern, in die bestimmte »Früchte« geworfen wurden, so daß die Teilnehmer vor Begeisterung aufsprangen, nachdem sie den Rauch inhaliert haben (JETTMAR 1972, 1981).

Die Skythen, die eine reiche, sehr charakteristische Kunst mit Tierornamenten und anderen schamanischen Themen hinterlassen haben, sind schon im 5. Jh. v. Chr. bis tief nach Zentral- und Ostasien vorgedrungen (PAVLINSKAYA 1989). In dem Altai-Gebirge in der Mongolei wurden sehr viele archäologische Belege für die skythische Kultur ausgegraben. Die 1929 begonnene Untersuchung der im Hochgebirgseis eingefrorenen und daher vollkommen perfekt erhaltenen Hügelgräber von Pazyryk im Hochaltai haben auf sensationelle Weise den Bericht des HERODOT bestätigt. Der russische Archäologe S. I. RUDENKO hat verschiedene bronzene Räuchergefäße ausgegraben, über denen noch ein Gestell mit einer Filzdecke stand. In RUDENKOS Grabungsbericht heißt es:

> »In beiden Gefäßen wurde außer den erwähnten Steinen eine große Menge Hanfsamen (*Cannabis sativa* L. der Varietät *C. ruderalis* Janisch) festgestellt. Hanfsamen fanden sich auch in einer bereits beschriebenen Lederflasche, die an einem der Stäbe des Sechsfußes befestigt war, der über dem Gefäß in Form eines skythischen Kessels stand. Die Steine in den Räuchergefäßen waren angeglüht, ein Teil der Hanfsamen verkohlt. Außerdem waren die Griffe des als Räuchergefäß benutzten Kessels mit Birkenbast umwickelt. Offenbar wurde das Gefäß von den glühenden Steinen so erhitzt, daß man es mit bloßen Händen nicht hätte angreifen können... Folglich haben wir hier vollständige Garnituren jener Utensilien vorliegen, die für die Durchführung des Reinigungsrituals notwendig waren, von dem Herodot in bezug auf die Pontischen Skythen so präzise berichtet.« (zit. in JETTMAR 1981: 311)

In Rußland heißt der Hanf in manchen Gebieten noch im Mittelalter Penka, ein Wort, das auf die Skythen zurückgehen soll (GOLOWIN 1989: 160), und noch an das altiranische *bhanga*, »Rauschmittel« erinnert. Penka wurde in gemütlicher Runde zum Tee genossen.

Überall in den ehemals skythischen Gebieten wächst heute noch die Hanfart *Cannabis ruderalis*. Sie wird nach wie vor in der russischen als auch in der mongolischen Volksmedizin, besonders zur Befreiung von Depressionen, verwendet. In jüngster Zeit wurde von der Mongolischen Akademie der Wissenschaften ein Projekt gefördert, das der Erfassung alles schamanischen-volksmedizinischen und lamaistischen Wissens über Heilpflanzen dient (mündl. Mitt. von Herrn GÜNTHER, Ulan-Bator). Dabei wurde festgestellt, daß in der mongolischen Tradition die medizinische Anwendung von *Cannabis sativa* und *Cannabis ruderalis* unterschiedlich ist. *Cannabis sativa* wird eher als Öllieferant verwendet, während *Cannabis ruderalis* eher aufgrund seiner psychoaktiven Eigenschaften geschätzt wird. Es ist durchaus wahrscheinlich, daß mongolische Schamanen im Altai neben Wacholder (vgl. JETTMAR 1981) auch *Cannabis ruderalis* zur Induktion der schamanischen Trance verwenden. Es hat sich offensichtlich ein skythisches Vermächtnis bis in unsere Zeit erhalten (vgl. SIKOJEV 1985: 325).

Literatur

ELIADE, Mircea

1975 *Schamanismus und archaische Ekstasetechnik*. Frankfurt/M.: Suhrkamp

GOLOWIN, Sergius

1989 *Das Reich des Schamanen*. München: Goldmann

HERODOT

1984 *Neun Bücher der Geschichte*. Essen: Phaidon

JETTMAR, Karl

1972 »Schamanismus in Nord- und Zentralasien« in J. ZUTT (Hg.), *Ergriffenheit und Besessenheit*, S. 105-115, Bern

1981 »Skythen und Haschisch« in Gisela VÖLGER (Hg.), *Rausch und Realität*, Bd. 1: 310-313, Köln: Rautenstrauch-Joest-Museum

PAVLINSKAYA, Larisa

1989 »The Scythians and Sakians, Eighth to Third Centuries B. C.« in Vladimir BASILOV (Hg.), *Nomads of Eurasia*, S. 19-39, Los Angeles: Natural History Museum/Seattle: University of Washington Press

SIKOJEV, André

1985 *Die Narten – Söhne der Sonne: Mythen und Heldensagen der Skythen, Sarmaten und Osseten*. Köln: Diederichs

Nascha

Hanf in der russischen Volksmedizin

In einem so großen Land wie Rußland war die Volksmedizin schon immer von herausragender Bedeutung. In vielen abgelegenen Gebieten war die Volksmedizin über Jahrhunderte hinweg die einzige medizinische Versorgung für große Bevölkerungsgruppen. Im Vordergrund der russischen Volksmedizin steht der Gebrauch von Kräutern. Dabei werden viele Nahrungspflanzen medizinisch, d. h. vor allem diätetisch verwendet; aber es kommen auch pharmakologisch hochaktive Pflanzen zur Anwendung, etwa die orientalische Alraune *(Mandragora turcomanica)*, Bilsenkraut *(Hyoscyamus physalodides)*, Nieswurz *(Helleborus* und *Veratrum)* und verschiedene *Aconitum*-Arten (ROWELL 1978). Die volksmedizinischen Anwendungen dieser Pflanzen erinnern an die antiken Überlieferungen.

Der Hanf ist vermutlich eine der ältesten Heilpflanzen unter den russischen Volksarzneien. Viele Botaniker lokalisieren den Ursprung der Hanfpflanze nahe des Kaspischen Meeres, wo er heute noch wild wächst. Von dort ist er möglicherweise von skythischen Reitervölkern in alle Gebiete Zentral- und Westasiens verbreitet worden.

In Rußland herrscht seit alters her der Glaube, daß Zahnschmerzen durch einen »Wurm« verursacht werden. Übrigens ist diese Vorstellung auch im alten Europa verbreitet gewesen. Noch heute sagt man, »da ist der Wurm drin«. In Rußland, genauso wie auch in Polen und Litauen, waren Hanfsamen und -blüten über Jahrhunderte das einzige bekannte Mittel bei Zahnschmerzen. Der Leidende warf etwas Hanf auf heiße Steine und inhalierte den aufsteigenden Rauch. (Vielleicht leitet sich von dieser Praktik das Wort *stoned* ab...) Aus dem 16. Jh. ist ein genaues Rezept überliefert:

> »Für Würmer in den Zähnen, koche Hanfsamen in einem neuen Topf und gib heiße Steine hinzu. Wenn der Dampf eingeatmet wird, fallen die Würmer heraus.« (zit. n. BENET 1975: 46)

In der Ukraine wurde bei Zahnschmerzen ein Hanfschleim gekocht. Sowohl die beim Kochen aufsteigenden Dämpfe, als auch der Schleim im Munde haben den

»Wurm besoffen« gemacht und ihn so aus dem schmerzenden Zahn getrieben. Hanfbereitungen werden auch bei anderen Schmerzen eingesetzt. Das Öl zerquetschter Samen wird bei Gicht und Rheuma auf die schmerzenden Partien aufgetragen. In Polen wurden Wunden mit einer Paste aus Hanfblüten, Wachs und Olivenöl behandelt (BENET 1975: 46).

Hanf wurde sogar in der volkstümlichen Tiermedizin verwendet. Wenn Hauskatzen *mukhomor*-Pilze *(Amanita muscaria, Amanita pantherina)* gefressen haben – Katzen zeigen häufiger Appetit auf Fliegenpilze! – werden sie in ein Hanffeld gesetzt. Sie sollen soviel Hanf fressen, bis sie von der pilzigen Benommenheit geheilt sind (BENET 1975: 46).

Hanfzubereitungen wurden im alten Zarenreich nicht nur medizinisch, sondern auch rituell verwendet. Die *semieniatka* genannten Hanfsamen wurden zu einer Suppe verkocht, die in der Weihnachtsnacht als Seelenspeisung den gestorbenen Ahnen geopfert wurde (BENET 1975: 43). Den weiblichen, psychoaktiven Blüten wurden magische und apotropäische Wirkungen zugeschrieben. In der Ukraine galten in der Johannisnacht gesammelte Blüten als Amulette, die gegen Hexerei wirkten und das Vieh vor dem Bösen Blick schützten. Ebenso galten die Samen als aphrodisischer Liebeszauber. Die liebeshungrigen Mädchen trugen einige Samen in ihren Gürteln, sprangen auf einen Haufen und riefen: »Andrei, Andrei, ich pflanze den Hanfsamen in dich. Möge Gott mich wissen lassen, mit wem ich schlafen werde!« Die Mädchen zogen sich danach aus, nahmen Wasser in den Mund, um damit die Samen zu benetzen und mußten nackt dreimal ums Haus tollen (BENET 1975: 44). Aber auch die aus Hanffasern gewebten Hemden konnten magisch wirksam werden. In der Ukraine wird die Geschichte von einem Drachen erzählt, der in Kiev lebte, die Menschen unterdrückte und hohen Tribut forderte. Der Drache konnte nur von einem Mann, der ein Hanfhemd trägt, getötet werden. Somit trug der Hanf zur ›politischen‹ Freiheit der Stadt bei.

In Tashkent in Zentralasien wird der Hanf liebevoll *nascha* genannt und ebenso liebevoll verwendet. Neben seiner Verwendung zur Behandlung von Alkoholikern (ANTZYFEROV 1934), dient der Hanf vor allem als euphorisierendes Genußmittel und psychoaktives Aphrodisiakum. In Lammfett gelöstes Haschisch wird als aphrodisierender Brotaufstrich gegessen oder bei Kopfschmerzen an den Schläfen in die Haut einmassiert. Diese Mixtur wird besonders den jungfräulichen Bräuten empfohlen. Zum einen werden sie davon erotisiert, zum anderen sollen die Deflorationsschmerzen damit ausgeschaltet oder vermindert werden. Den Schmerzen, die bei der Beschneidung der Jungen auftreten, wird ebenfalls mit einem haschischhaltigen Konfekt *(guc-kand)* entgegengewirkt. Manche Frauen stellen eine Salbe aus Haschisch, Tabak und Fett her. Damit bestreichen sie die Vagina, um sie enger und somit verführerischer zu machen. Gleichzeitig soll diese Prozedur vor Fluor Albus (Weißfluß; weibl. Scheidensekret ohne Krankheitswert) schützen (BENET 1975: 47). Das berühmteste und aufwendigste Aphrodisiakum ist aber der »Fröhlichkeitsbrei«, der an die altorientalischen »Fröhlichkeitspillen« erinnert (RÄTSCH 1990). Die Männer von Tashkent sind ganz wild danach.

Rezepte

GUC-KAND

Hanfkraut und/oder Blüten werden in Wasser ausgekocht, bis ein tiefgrüner Sud entsteht. Durch ein Sieb gießen, mit reichlich Zucker versetzen, Safranfäden (je nach Geldbeutel) zufügen und mit Eiweiß zu einer schaumigen Paste schlagen. Daraus werden kleine Bälle geformt, die zum Trocknen in die Sonne gelegt werden.

FRÖHLICHKEITSBREI

Zutaten:
Hanfblüten und -samen
Getrocknete Rosenblüten
Blütenblätter der Gartennelke
Bertramwurzelpulver *(Anacyclius pyrethrum)*
Safranfäden
Muskatnuß
Kardamom
Honig, Zucker
Mandelbutter

Alle Zutaten zerkleinern und in die zerlassene Mandelbutter geben. Mit Honig und braunem Zucker zu einem Brei verrühren. Die Dosierung muß individuell erprobt werden.

Literatur

ANTZYFEROV, L. V.
1934 »Hashish in Central Asia« *Journal of Socialist Health Care in Uzbekstan*, Tashkent [in russisch]

BENET, Sula
1975 »Early Diffusion and Folk Uses of Hemp« in: V. RUBIN (Hg.), *Cannabis and Culture*, S. 39-49, The Hague: Mouton

RÄTSCH, Christian
1990 *Die »Orientalischen Fröhlichkeitspillen« und verwandte psychoaktive Aphrodisiaka*. Berlin: VWB

ROWELL, Margery
1978 »Plants of Russian Folk Medicine« *Janus* 65: 259-282

Azallû-Qannapu
Hanf im alten Orient

In der mesopotamischen Medizin wurde auf den Erhalt der Gesundheit und das Freisein von Krankheiten ein besonderer Wert gelegt. Schon die Sumerer verfügten über viele magische und medizinische Techniken, um Krankheiten fernzuhalten bzw. zu verhindern. Die Krankheiten hatten ihren Ursprung in der Schattenwelt, dem dunklen unfreundlichen Jenseits. Dort lauerten sie in Form von Geistern und Dämonen. So »erscheint es geradezu zwingend, hier auf Erden so lange wie nur eben möglich ein angenehmes und heiteres Leben zu führen. Wenn einem ein solches Leben voller Heiterkeit beschieden war, so wurde dies seinerzeit als unwiderlegbares Zeichen der göttlichen Gnade interpretiert.« (ZARAGOZA 1990: 91) – Auf dieser Grundlage läßt sich auch die hohe Wertschätzung des Hanfs verstehen.

Die Grundlage der mesopotamischen Therapie war der Exorzismus, die Vertreibung des Krankheitsdämons aus dem Kranken. Der Exorzismus wurde von Ärzten unter rituellen Vorschriften ausgeführt. Räucherungen, Beschwörungen und das Verabreichen von Medikamenten wurde mit zauberkräftigen, wirklichkeitsverändernden Gesängen begleitet:

> »Er hat den Dämon der Krankheit, der ihn mit seinen ausgebreiteten Schwingen umfing, vertrieben. Er hat das Unheil, das ihn verwundete, hinweggenommen. Er hat das Leiden des Menschen in Jubel verwandelt. Er hat ihm wohltätige Genien als Wächter und Beschützer zur Seite gestellt.« (zit. nach ZARAGOZA 1990: 105)

Die mesopotamische Materia Medica war der ägyptischen sehr ähnlich. Es wurden zahlreiche Früchte, Getreide, Gewürze, Gemüse, Baumharze, Mineralien und organische Ausscheidungen (»Dreckapotheke«) verwendet. »Unter den stark wirkenden Heilmitteln waren Nieswurz, Bilsenkraut, Alraune, Opium und Hanf.« (SIGERIST 1972: 101)

Der Hanf gehörte in Mesopotamien zu den häufig verwendeten Heilmitteln (ZARAGOZA 1990: 102). Er wurde bei Blasenleiden, Schlaflosigkeit, Rheumatismus und schmerzender Bronchitis benutzt (THORWALD 1985: 170). Die *azallû* genannte Pflanze wurde auch »Pflanze des die Sorgen Vergessens« bezeichnet (FARBER 1981: 271). Samen, Wurzeln und Ästchen wurden in verschiedenen medizinischen Tränken (mit Bier oder Palmenwein) zur Behebung von Potenzstörungen und magischen Räuchermitteln verarbeitet.

Besonders die Assyrer verwendeten Hanf *(azallu, qannapu, ganzigunnu)* und Haschisch *(martakal)* in ihrer Medizin (ALBRIGHT 1926, THOMPSON 1924). Zahlreiche Keilschrift-Tafeln zeugen davon. Die Wurzeln wurden bei schwierigen Geburten verordnet. Bei Leibschmerzen wurde die Pflanze ausgekocht und als Klistier verabreicht. Ebenso wurde Hanföl oder Hanf in Petroleum auf einen geschwollenen Magen gerieben. Die gerösteten Samen wurden bei der *arimtu*-Krankheit (eine Art Gliederzittern) gegeben. Hanf mit Getreidemehl vermischt wurde als Antidot verwendet. Mit anderen Pflanzen vermischt wird Hanf mit »Schweineöl« als kleine Anal-Kompresse aufgelegt. Schließlich kommt der Hanf im Bier zur Verwendung. Dieses Gebräu wird gegen Krankheiten, die durch Hexerei entstanden sind, getrunken (THOMPSON 1949: 221).

Möglicherweise haben die Assyrer die Inhalation von Hanfrauch von den Skythen kennengelernt und übernommen. Die Skythen hatten lange Handelsbeziehungen zu den Assyriern, bevor sie zu deren Vernichtung beigetragen haben (PJOTROWSKI 1980: 178-182). Die Assyrer atmeten den Hanfrauch ein, um Sorgen, Nöte und Trauer zu beheben (THOMPSON 1949: 220). Da sich diese Leiden oft hinter den Masken der Dämonen verbergen, ist es sehr wahrscheinlich, daß der Hanf auch in den oben erwähnten Exorzismen verwendet wurde.

Der Hanf war auch im Gelobten Land bekannt. Im Talmud heißt er *kanbus* und wird vornehmlich als Faserlieferant betrachtet (PALGI 1975: 209). In der Bibel (z. B. Exodus 35:10,17,18; Ezekiel 27:19) wird er ebenfalls als Faserlieferant für Kleidung, Seile, Netze usw. angeführt. Er war ein wichtiger Werkstoff für das Tabernakel (WAAL 1988: 44). Ebenso wurde er bei Salomons Tempelbau gebraucht (BENET 1975: 42). Obwohl der medizinische Gebrauch des Hanf in der Bibel nicht ausdrücklich erwähnt wird (RÄTSCH 1991), wurde er doch als Schmerzmittel verwendet. In einer dpa-Meldung vom 4.6.1992 heißt es: »Davon sind israelitische Archäologen überzeugt, die in einem 1.700 Jahre alten Familiengrab die Überreste eines etwa 14jährigen Mädchens fanden, das hochschwanger war. Neben dem Skelett entdeckten die Forscher ein eingetrocknetes Gebräu aus Haschisch, Kräutern und Früchten. Die israelische Altertumsbehörde wertet den Fund als Beweis dafür, daß Haschisch die Geburtsschmerzen lindern sollte. In dem Fall der jungen Frau aber hätte kein Mittel aus der damaligen Zeit helfen können. Ein Kaiserschnitt wäre notwendig gewesen.«

Literatur

ALBRIGHT, W. F.

1926 »Assyr. *martakal* ›Haschisch‹ und *amurtinnu* ›Sidra‹« *Zeitschrift für Assyrologie* 37: 40

BENET, Sula

1975 »Early Diffusion and Folk Uses of Hemp« in: V. RUBIN (Hg.), *Cannabis and Culture*, S. 39-49, The Hague: Mouton

FARBER, Walter

1981 »Drogen im alten Mesopotamien – Sumerer und Akkader« in: G. VÖLGER (Hg.), *Rausch und Realität* Bd. 1, S. 270-290, Köln: Rautenstrauch-Joest-Museum

PALGI, Phyllis

1975 »The Traditional Role and Symbolism of Hashish Among Moroccan Jews in Isreal and the Effects of Acculturation« in: V. RUBIN (Hg.), *Cannabis and Culture*, S. 207-216, The Hague: Mouton

PJOTROWSKI, Boris

1980 *Urartu*. München: Heyne (Archaeologia Mundi)

RÄTSCH, Christian

1991 »De Hola Herb – Vom Hanf in der Bibel« in: R. RANKE-RIPPCHEN, *Das Böse Bibel Buch*, S. 101-103, Löhrbach: Werner Pieper's Medienexperimente (Der Grüne Zweig 145)

SIGERIST, Henry E.

1972 *Der Arzt in der mesopotamischen Kultur*. Esslingen: Robugen

THOMPSON, R. Campbell

1924 *The Assyrian Herbal*. London: The British Academy

1949 *A Dictionary of Assyrian Botany*. London: The British Academy

THORWALD, Jürgen

1985 *Macht und Geheimnis der frühen Ärzte*. München: Droemer-Knaur

WAAL, M. de

1988 *Medicinal Herbs in the Bibel*. York Beach, Maine: Samuel Weiser

ZARAGOZA, Juan R.

1990 »Die Medizin in Mesopotamien« in: R. TOELLNER (Hg.), *Illustrierte Geschichte der Medizin*, Bd. 1, S. 91-107, Salzburg: Andreas & Andreas

Šmšmt
Hanf bei den Pharaonen

Der Tod steht vor mir,
wie der Geruch von Lotosblumen,
wie wenn man auf dem Ufer
der Trunkenheit sitzt
aus dem ägyptischen Totenbuch

Homer, der große griechische Poet, sagte über Ägypten: »Ein fruchtbarer Boden, der Drogen im Überfluß hervorbringt; die einen sind Heilmittel, die anderen Gifte. Die Heimat der gelehrtesten Ärzte der Welt.« (zit. nach LECA 1990: 119) – Ein überschwengliches Lob, aber wohl auch eine für damalige Verhältnisse zutreffende Aussage. Die ägyptische Heilkunst war weit über die Landesgrenzen hinweg berühmt und hat maßgeblich die antike Medizin im östlichen Mittelmeerraum geprägt (WESTENDORF 1992).

Die wichtigsten Quellen zur ägyptischen Pharmazie sind die medizinischen Papyri. Der *Papyrus Edwin Smith* (2700–2400 v. Chr.) ist im wesentlichen eine Abhandlung zur Wundmedizin und traumatologischen Chirurgie. Im etwas jüngeren *Papyrus Hearst* werden mehrere medizinische Rezepte angeführt. Im *Kahunpapyrus* (um 1900 v. Chr.) werden eine Reihe von Heilmitteln aufgelistet. Das umfangreichste Rezeptbuch ist der *Papyrus Ebers* (1555 v. Chr.). Es muß sehr viele solcher Medizinbücher gegeben haben, jedoch sind bislang nur wenige Schriftrollen als Fragmente gefunden worden (VALETTE 1990: 463). Leider sind die meisten Namen der Heilmittel in den Papyri botanisch nicht eindeutig zu bestimmen. So war auch die Identifikation des Hanfs immer problematisch. Das hat sich mit der modernen Archäologie und der Pollenanalyse geändert.

Im Grab des Amenophis IV (Akhenaten) in el-Amarna (1550–1070 v. Chr.) wurden Hanfteile gefunden. Hanfpollen wurden an der Mumie von Ramses II. identifiziert (MANNICHE 1979: 82). Somit ist der rituelle Gebrauch (Totenkult) von Hanf bereits für das dynastische Ägypten (Neues Reich) des 2. Jahrtausends v. Chr. belegt. Dadurch konnte auch der altägyptische Name *šmšmt* als Hanf

Der altägyptische Name *šmšmt* für Hanf in Hieroglyphenschrift (nach MANNICHE 1989).

identifiziert werden. Aus den medizinischen Pyramideninschriften und Papyri geht eine vielseitige Verwendung von Hanf als Heilmittel hervor (vgl. MANNICHE 1989: 82f.):

»Ein Heilmittel für die Augen: Sellerie; Hanf; wird zermahlen und im Tau der Nacht gelassen. Beide Augen des Patienten werden damit am Morgen gewaschen.« (P. Ramesseum II, 1700 v. Chr.)

Dieses Rezept wird als Behandlung des Glaukoms, einer in Ägypten verbreiteten Krankheit (vgl. WESTENDORF 1992: 74), gedeutet (MANNICHE 1989: 82).

»Ein Heilmittel um Entzündungen zu behandeln: Blätter [oder Blüten?] des Hanfs; weißes Öl. Gebrauch es als Salbe.« (*Papyrus Berlin* 3038: 81, 1300 v. Chr.)

»Ein Heilmittel um die Gebärmutter zu kühlen: Hanf wird in Honig zerstoßen und in die Vagina gefüllt. Dies ist eine Kontraktion [des Uterus].« (*Papyrus Ebers* 821, 1550 v. Chr.)

Ebenfalls im *Papyrus Ebers* (618) wird aus Hanf eine Packung für Zehennägel erwähnt. Im *Papyrus Chester Beatty* VI: 24 (1300 v. Chr.) wird Hanf zusammen mit Johannisbrot als Klistier verwendet (MANNICHE 1989: 82).

Neben der alkaloidhaltigen, stark berauschenden Alraune *(Mandragora autumnalis)* und dem opiumhaltigen Mohn *(Papaver somniferum)* benutzten die Ägypter den Indischen Hanf zur Beruhigung und als krampfstillendes Mittel (VALETTE 1990: 468). Ob Hanf ebenso wie Alraune, Opium und Seerose als rituelles Rauschmittel (EMBODEN 1978, 1981, 1989) genutzt wurde, entzieht sich noch unserer Kenntnis. Möglicherweise war der Hanf ein Bestandteil der Gebräue, die den Patienten vor dem heilsamen Tempelschlaf verabreicht wurden (STETTER 1990: 127f.).

Der Gebrauch von Hanfharz (Haschisch) als Rauschmittel wird für Ägypten in das 12. Jahrhundert n. Chr. datiert. Es wurde während der islamischen Ayyubid für Meditationen, zur Intelligenzsteigerung und zur Erzeugung mystischer Visionen benutzt (KHALIFA 1975: 199). Der Haschischgebrauch hat sich seitdem enorm verbreitet. Heute ist Ägypten im Gegensatz zu den islamisch-arabischen Nachbarstaaten ein echtes Kifferland (SAMI-ALI 1971).

Literatur

EMBODEN, William A.

1978 »The Sacred Narcotic Lily of the Nile: Nymphaea caerulea« *Economic Botany* 32(4): 395-407

1981 »Transcultural Use of Narcotic Water Lilies in Ancient Egyptian and Maya Drug Ritual« *Journal of Ethnopharmacology* 3: 39-83

1989 »The Sacred Journey in Dynastic Egypt: Shamanistic Trance in the Context of the Narcotic Water Lily and the Mandrake« *Journal of Psychoactive Drugs* 21(1): 61-75

KHALIFA, Ahmad M.

1975 »Traditional Patterns of Hashish Use in Egypt« in: V. RUBIN (Hg.), *Cannabis and Culture*, S. 195-205, The Hague: Mouton

LECA, Ange-Pierre

1990 »Die Medizin im Alten Ägypten« in: R. TOELLNER (Hg.), *Illustrierte Geschichte der Medizin*, Bd. 1, S. 109-143, Salzburg: Andreas & Andreas

MANNICHE, LISE

1989 *An Ancient Egyptian Herbal*. London: British Museum Publ.

SAMI-ALI

1971 *Le haschisch en égypte*. Paris: Payot

STETTER, Cornelius

1990 *Denn alles steht seit Ewigkeiten geschrieben: Die geheime Medizin der Pharaonen*. München: Quintessenz

VALETTE, Simone

1990 »Die Pharmakologie im alten Ägypten« in: R. TOELLNER (Hg.), *Illustrierte Geschichte der Medizin*, Bd. 1, S. 463-479, Salzburg: Andreas & Andreas

WESTENDORF, Wolfhart

1992 *Erwachen der Heilkunst: Die Medizin im Alten Ägypten*. Zürich: Artemis & Winkler

Kannabion – Cannabis

Hanf in der antiken Medizin

HOMER beschreibt im 8. Jh. v. Chr. in seiner *Odyssee* das vieldiskutierte *Pharmakon Nepenthes,* ein ägyptisches Medikament, das den Kummer vertreibt:

> Helena aber, die Tochter des Zeus, besann sich auf andres:
> Gab in den Wein, den sie tranken, sogleich ein bezauberndes Mittel,
> Gut gegen Trauer und galliges Wesen: Für sämtliche Übel
> Schuf es Vergessen. War es im Mischkrug: wer es dann schlürfte,
> Diesem läuft an dem Tag keine Träne die Wange herunter,
> Selbst wenn ihm Vater und Mutter beide verstürben, ja selbst wenn
> Grade vor ihm seinen Sohn, den geliebten, oder den Bruder
> Feinde mit Schwertern erschlügen, so daß er vor Augen es sähe.
> Nun verfügte die Tochter des Zeus von solcher
> Tüchtigen Wirkung... (IV, 219-228)

Dieses bezaubernde Mittel wurde in der medizinhistorischen und altphilologischen Literatur als Bilsenkraut *(Hyoscyamus niger),* Alraune *(Mandragora officinalis),* Tollkirsche *(Atropa belladonna),* Opium oder Haschisch gedeutet (BAISSETTE 1990: 204).

DEMOKRIT (460–371 v. Chr.), der »lachende Philosoph«, erwähnte eine Pflanze namens *potamaugis,* die wahrscheinlich als Hanf zu deuten ist. Er sagte, wenn diese Pflanze zusammen mit Myrrhe in Wein getrunken werde, würde sie Delirien und Visionen erzeugen. Besonders fiel ihm das unmäßige Lachen auf, das dem Genuß eines derartigen Trankes zwangsläufig folgte (EMBODEN 1990: 219).

THEOPHRAST (371–287 v. Chr.), der Begründer der wissenschaftlichen Botanik, beschrieb den Hanf unter dem Namen *dendromalache.* Seine Darstellung gilt als botanisch korrekt (EMBODEN 1990: 219).

In der dionysischen Tradition waren bewußtseinsverändernde Drogen nicht nur akzeptiert, sondern waren die Grundlage des ekstatischen Gottesdienstes (EVANS 1988: 184). Ob der Wein des Dionysos mit Hanf versetzt wurde, um die Stimmung auf den bacchantischen Orgien zu heben, kann nur vermutet werden.

Es ist durchaus möglich, daß das Inhalieren von Hanfrauch zu den hierobotanischen, d. h. rituellen Praktiken, gehörte. Es ist der klassisch-griechische Ausdruck *cannabeizein*, »Hanfrauch einatmen«, überliefert (EMBODEN 1990: 219). Ein weiteres Wort ist *methyskesthai*, »berauscht werden durch Drogengebrauch« (BRUNNER 1977: 222); HERODOT benutzte dieses Wort, um die durch Rauch erzeugte Berauschung der Bewohner der Insel im Araxes zu beschreiben. Vielfach wurde auch vermutet, daß die Pythia, die Orakelpriesterin von Delphi, den Rauch von Haschisch einatmete, um in ihre prophetische Trance zu verfallen (COOKE 1860: 149; vgl. dazu RÄTSCH 1987, STEFANIS et al. 1975: 305).

Im Altertum war es üblich, sich in Orakel- und Heilstätten eines Tempelschlafes zu unterziehen. In diesem Tempelschlaf offenbarten sich Götter und Göttinnen und gaben den Ratsuchenden Antworten auf ihre Fragen oder zeigten Leidenden die Wege, wie sie wieder gesund werden könnten. Besonders das Heiligtum des göttlichen Arztes Asklepios von Epidauros in der Argolis und das Totenorakel von Ephyra am Acheronfluß in Kleinasien waren berühmte Pilgerstätten für Gesundheitssucher. Die Tempelschläfer wurden mit hierobotanischen Mitteln wie Opium, Mandragora und alkaloidhaltigen Samen der Lupinen *(Lupinus hirsutus, L. angustifolius)* oder Hanf in den prophetischen und heilsamen Schlaf versetzt. Der griechische Archäologe Sotiris Dakaris, der seit 1959 das Totenorakel von Acheron erforscht, hat in Ephyra »sackweise schwarze Klumpen von Haschisch« entdeckt (VANDENBERG 1988: 24). Es ist durchaus möglich, daß den Tempelschläfern am Acheron eine Hanfzubereitung verabreicht wurde, um besonders heftige Träume zu erzeugen.

Hanf war im Altertum als sehr guter Faserlieferant bekannt und geschätzt, wie viele antike Autoren (z. B. VARRO, COLUMBARIUS und GELLUS) bekunden, auch im großen Stile angebaut (LENZ 1966: 432-434).

Cajus Plinius Secundus, meist PLINIUS DER ÄLTERE genannt (24–79), war Römer, bezog aber sein naturkundliches Wissen überwiegend aus griechischen Schriften. Von ihm ist die unfangreichste und bedeutendste Naturkunde *(Naturalis Historia)* des späten Altertums in 37 Bänden erhalten geblieben. Über den Hanf, bei ihm *cannabis* genannt, schrieb er:

> »Hanf ist ausgesprochen brauchbar für Seile. Hanf wird ausgesät wenn der Westwind des Frühlings bläst. Je dichter er nebeneinander wächst, desto dünner werden seine Stengel. Die reifen Samen werden nach dem Herbstanfang abgestreift und in der Sonne, im Wind oder über dem Feuer getrocknet. Die Hanfpflanze wird ausgerissen, wenn sie ausgewachsen ist. Das Schälen [der Stengel] und das Reinigen wird bei Kerzenschein getätigt. Der beste stammt aus Arab-Hissar; er wird besonders zur Herstellung von Jagd-

netzen benutzt. An dem Ort werden drei Arten von Hanffasern produziert. Diejenigen direkt unter der Rinde werden als minderwertig betrachtet, während die aus dem Inneren sehr gepriesen werden. Der zweitbeste Hanf kommt aus Mylasa. Was die Höhe betrifft, so wächst der Hanf von Rosea im Land der Sabiner so hoch wie ein Obstbaum.« (*Nat. Hist.* 19.174)

Über die medizinischen Eigenschaften schreibt Plinius:

»Der Hanf wuchs ursprünglich mit schwärzeren und rauheren Blättern in den Wäldern. Sein Same soll die Zeugungsfähigkeit der Männer zerstören. Der Saft davon vertreibt die kleinen Würmer aus den Ohren, sowie, freilich unter Kopfschmerzen, jedes Tier, welches auch immer hineingeraten ist; und so groß ist seine Wirkung, daß, wie man sagt, Wasser, in das man ihn gießt, verdickt wird; daher hilft er auch, in Wasser getrunken, beim Durchfall der Lasttiere. Die Wurzel, in Wasser gekocht, erweicht steif gewordene Gelenke, ebenso bei Gicht und ähnlichen Anfällen. Auf Brandwunden legt

Der griechische Gott Asklepios, Sohn des Apollon, war der Herr der Heilkräuter. Sein Stab, der heute zum internationalen Symbol der Ärzteschaft wurde, erinnert stark an die altchinesischen Zauberstäbe, die aus verholzten Hanfstengeln geschnitzt wurden. Die sich um den Stab windende Schlange gemahnt auch an die indische Kundalinischlange, die sich um den Phallus Shivas schlängelt. Asklepios könnte ursprünglich ein aus Asien eingewanderter Kräuterheiler oder Schamane gewesen sein, der durch seine Fähigkeiten die antike Medizin maßgeblich beeinflußt hat und deshalb in die Position eines Gottes aufgestiegen ist. *(Holzschnitt, 16. Jh.)*

> man die Wurzel roh, wechselt aber öfters, bevor sie austrocknet.« (*Nat. Hist.* 20.259)

Plinius beruft sich in seinen Ausführungen hauptsächlich auf seinen Zeitgenossen Dioskurides, dessen Arzneimittellehre das einflußreichste Werk seiner Art war (BAISSETTE 1990). Es hat im wesentlichen die Römer, Araber und Autoren des Mittelalters und der Renaissance beeinflußt. Meist wurde sein Werk nur abgeschrieben und kommentiert.

Pedanios DIOSKURIDES lebte und wirkte im 1. Jh. während der Regierungszeit von Kaiser Nero. Der Grieche stammt aus Anazarba in Kilikien (Kleinasien), war Arzt im Gefolge des Heeres und beschäftigte sich hauptsächlich mit Botanik und Pharmakologie. Auf zahlreichen Feldzügen trug er sein Wissen zusammen und probierte viele Arzneimittel an den Soldaten aus. Seine sonstigen Quellen waren die Abhandlungen des Rhizotomen (= Wurzelgräber) KRATEUAS, das Buch des ANDREAS VON KARYSTOS und die *Historia planastrum* des THEOPHRAST. DIOSKURIDES sagt in seiner fünfbändigen griechisch verfaßten *Arzneimittellehre* zum Hanf:

> »Gebauter Hanf. Der Hanf – Einige nennen ihn Kannabion, Andere Schoinostrophon [= »Stricke drehend«], Asterion [= »Sternähnlich«] – ist eine Pflanze, welche im Leben sehr viel Verwendung findet zum Flechten der kräftigsten Stricke. Er hat denen der Esche ähnliche, übelriechende Blätter, lange einfache Stengel und eine runde Frucht, welche, reichlich genossen, die Zeugung vernichtet. Grün zu Saft verarbeitet und eingeträufelt ist sie ein gutes Mittel gegen Ohrenleiden.« (III, 156 [= 166])

Der römische Arzt Claudius GALEN (131–201 n. Chr.) gilt als der bedeutendste Repräsentant der Medizin des Altertums. GALEN legte die Grundlage für eine rein organisch ausgerichtete Medizin, empfahl aber auch die Traumdeutung und die medizinische Astrologie zur Diagnose (VILLEY 1990). GALEN studierte Medizin in Smyrna, Korinth und Alexandria und sammelte Heilpflanzen und Erfahrungen bei seinen Reisen nach Syrien, Phonikien, Palästina und Zypern. Es wird behauptet, GALEN hätte über 500 medizinische und philosophische Bücher verfaßt, allerdings ist kaum ein Zehntel erhalten geblieben. Viele seiner Aussagen stammen aus der spätantiken Sekundärliteratur. GALEN war ein Bewunderer des HIPPOKRATES und bezeichnete sich selbst als einen Eklektiker (VILLEY 1990).

GALEN beschrieb als erster neben der rein medizinischen Verwendung, die auf DIOSKURIDES zurückgeht, den hedonistischen Gebrauch von Hanf. Er verglich den Hanf mit dem sehr ähnlich erscheinenden Keuschlammstrauch *(Vitex agnuscastus)*, dem heiligen Baum der Hera. Die Hanfsamen seien aber schwer verdaulich, schlecht für den Magen, unbekömmlich und würden Kopfschmerzen erzeugen. Die »Samen vertreiben die Winde aus dem Unterleib und trocknen den Gebraucher so weit, daß – im Übermaß gegessen – die Sexualität ausgelöscht wird. Einige quetschen den Saft aus dem grünen Samen und gebrauchen ihn als Schmerzmittel für Schmerzen, die durch Ohrenverschluß erzeugt werden« (zit. nach BRUNNER 1977: 223). Er schrieb, in Italien sei es üblich geworden, zum Nachtisch kleine marijuanahaltige Kuchen zu reichen, die die Lust am Trinken erhöhten, im Übermaß genossen aber betäubend wirkten (GALEN VI 549f.). Es gehörte zum guten Benehmen, den Gästen Hanf anzubieten, da er als »Förderer der Fröhlichkeit« galt (BRUNNER 1977: 223, MERLIN 1972: 71).

Die Darstellung des Hanfs in der deutschen Ausgabe von Dioskurides *Arzneimittellehre* zeigt eindeutig eine männliche Pflanze. *(Holzschnitt, 1610)*

Die meisten ärztlichen Autoren, die GALEN folgten, erwähnten den Hanf als Heilmittel bei Ohrenschmerzen und führten den männlichen Samen austrocknende Eigenschaften an. Erst in der römischen Spätzeit kam neues dazu. PSEUDO-APULEIUS sagt, daß eine Salbe aus Hanfkraut und Fett Schwellungen oder Vergrößerungen der Brust abschwellen läßt, und daß eine Mischung aus zerstoßenen Hanfsamen und Nesselsamen *(Urtica sp.)* in Essig bei Herpes hilft (*De Herbis* 116: BRUNNER 1977: 224). Die Anwendung bei Ohrenleiden wird auch bei Marcellus EMPIRICUS (*De Medicamentis* 9.27/9.77-78) beschrieben. Er fügt an anderer Stelle eine medizinisch-magische Wundbehandlung – die Wundbehandlung spielte in der kriegerisch-imperialistischen römischen Kultur eine sehr bedeutende Rolle – mit der Hanfwurzel hinzu:

> »Binde die Hanfwurzel an deinen rechten Arm: bevorzugterweise soll der ganze Arm mit dieser Wurzel umwickelt werden; hast du nur eine kleine Menge zur Hand, so hänge es dir mit einem Faden vom Webstuhl um den Hals. Um dir zu zeigen, wie kräftig dieses Heilmittel ist. Wenn du die Wurzel wie angegeben verwendest, wird der Blutfluß sofort zum Stoppen kommen. Wenn du aber die Wurzel losbindest und wegnimmst, so wird das Blut weiter fließen.« (*De Medicamentis* 10.82; zit. nach BRUNNER 1977: 224f.)

Rezept

HANF-WEIN (nach Demokrit)

Ein Teelöffel Myrrhe und eine Handvoll Hanfblüten werden für eine Woche in einem Liter Retsina oder trockenem griechischen Weißwein mazeriert. Vor dem Trinken abseihen.

Literatur

BAISSETTE, Gaston
1990 »Die Medizin bei den Griechen« in: R. TOELLNER (Hg.), *Illustrierte Geschichte der Medizin*, Bd. 1, S. 179-292, Salzburg: Andreas & Andreas

BRUNNER, Theodore F.
1977 »Marijuana in Ancient Greece and Rome? The Literary Evidence« *Journal of Psychedelic Drugs* 9(3): 221-225

COOKE, Mordecai C.
1860 *The Seven Sisters of Sleep*. London: James Blackwood

DIOSKURIDES, Pedanios
1610 *Kreutterbuch*. Frankfurt/M.: Bringern/Corthons
1902 *Arzneimittellehre*. [Übersetzt und erläutert von J. Berendes] Stuttgart: Enke

EMBODEN, William A.
1977 »Dionysus as a Shaman and Wine as a Magical Drug« *Journal of Psychedelic Drugs* 9(3): 187-192
1990 »Ritual Use of Cannabis Sativa L.« in: P. FURST (Hg.), *Flesh of the Gods*, S. 214-236, Prospect Heights, Illinois: Waveland Press

EVANS, Arthur
1988 *The God of Ecstasy*. New York: St. Martin's Press

LENZ, Harald Othmar
1966 *Botanik der alten Griechen und Römer*. Vaduz/Liechtenstein: Saendig Reprint (von 1859)

PLINIUS, Caius [der Ältere]
1950 [Pliny:] *Natural History*. [Translated by H. Rackham] London: Heinemann & Cambridge: Harvard University Press
1973ff. *Naturkunde*. [Herausgegeben, übersetzt und erläutert von Roderich König und Gerhard Winkler] München: Heimeran, dann Artemis & Winkler

RÄTSCH, Christian
1987 »Der Rauch von Delphi« *Curare* 10(4): 215-228

STEFANIS, Coastas N., C. BALLAS & D. MADIANOU
1975 »Sociocultural and Epidemiological Aspects of Hashish Use in Greece« in: V. RUBIN (Hg.), *Cannabis and Culture*, S. 303-326, The Hague: Mouton

VANDENBERG, Philip
1979 *Das Geheimnis der Orakel*. München:Orbis

VILLEY, Raymond
1990 »Die Medizin in Rom: Galen« in: R. TOELLNER (Hg.), *Illustrierte Geschichte der Medizin*, Bd. 1, S. 395-423, Salzburg: Andreas & Andreas

Haschisch

Hanf in den islamisch-arabischenMedizinlehren

Das Haschisch ist es, das dem Verstand Erleuchtung bringt;
(doch) zum Esel wird, wer ihn wie Futter verschlingt.
Das Elixier ist Genügsamkeit: iß von ihm nur ein Korn,
damit es goldgleich ganz das Sein deines Daseins durchdringt.

Amir Ahmad (Mahsati-Roman, 12. Jh.)

Eigentlich kann man weder von einer islamischen noch arabischen Medizin sprechen, auch wenn es sich so eingebürgert hat. Es ist eine »Medizin arabischer Sprache«, denn die Literatur ist durchweg in Arabisch, der orientalischen Gelehrtensprache des Mittelalters, geschrieben. Obwohl die meisten Autoren Moslems waren, haben auch Juden, z. B. Moises MAIMONIDES, und Christen mit ihren arabischen Schriften dazu beigetragen. Auch waren die meisten Autoren Araber, aber auch Spanier, Perser und Griechen hinterließen eine arabisch geschriebene Medizinliteratur (SOURNIA 1990).

Die Hochzeit der arabischen Medizin war im frühen Mittelalter. Es wurden nicht nur originäre Werke verfaßt, es wurden auch die Klassiker der Griechen und Römer, namentlich HIPPOKRATES, DIOSKURIDES, PLINIUS und GALEN ins Arabische übersetzt. In der arabischen Literatur wurde besonders breiter Raum der Toxikologie gewidmet. Zahllose Texte befassen sich mit der Herstellung, Anwendung und Wirkung des Theriaks, der neben Opium, Schlangenfleisch, Gewürzen und Kräutern oft den Hanf enthielt. Theriak galt als universelles Antidot, als Panazee und Tonikum (STEINSCHNEIDER 1971). Theriak wird übrigens noch heute in deutschen Apotheken verkauft, allerdings ohne Opium und Hanf. In der modernen Volksmedizin ist der Theriak Bestandteil der sogenannten Schwedentropfen, die von Maria TREBEN als Universalmittel berühmt gemacht wurden (TREBEN 1980: 67).

Der Hanf ist in der arabischen Literatur fast ausschließlich unter dem Namen Haschisch zu finden. Haschisch bedeutet wörtlich »die Kräuter« und war ursprünglich ein Deckname der berauschenden Pflanze (ROSENTHAL 1971). Obwohl heute in manchen moslemischen Ländern, wie Pakistan und Marokko, das Kiffen toleriert wird, ist der Hanfgenuß doch von allen islamischen Herrschern verboten worden – oft bei Todesstrafe (ROSENTHAL 1971). Im islamischen Mittelalter brachte man den Gebrauch »der Kräuter«, auch »Hefe des Denkens« genannt, meist mit dem Geheimorden der Sufis in Zusammenhang (GELPKE 1982, NAHAS 1982: 817). Der mystische Orden entstand im 8. Jh. und hat sich schnell über die islamische Welt verbreitet (von Spanien bis zum Himalaya). Die Sufis waren den Herrschenden immer ein Dorn im Auge und galten als gesetzlos. Viele Sufis gehörten aber zur Intelligenz: sie waren oft Alchemisten, Ärzte und Drogisten (SHAH 1980: 296).

Die Sufis haben nicht nur den Derwischtanz, die Herzmeditation und eine ekstatische Musik entwickelt und in der islamischen Welt verbreitet, sondern auch viele psychoaktive Drogen entdeckt, rituell und medizinisch verwendet und weltweit verbreitet. So wird ihnen die Verbreitung des Opiums zur Erzeugung mystischer Erlebnisse und göttlicher Visionen zugeschrieben (SEEFELDER 1987: 77). Den stimulierenden Qat-Strauch *(Catha edulis)* und den wachmachenden Kaffee *(Coffea arabica)* haben ägyptische oder äthiopische Sufi-Mönche entdeckt, als sie nach Mitteln suchten, die das Einschlafen bei den langen Meditationen verhindern konnten (FERRÉ 1991: 21f., SCHOPEN 1981: 496, SHAH 1980: 51). Die Sufis benutzten aber auch den vom Islam verbotenen Wein und kannten *banj* (Bilsenkraut, *Hyoscyamus niger*), Stechapfel *(Datura metel)*, Muskatnuß und Safran (GELPKE 1982: 97). Einer der Stammväter des Sufismus, der Drogist Fariduddin Attar (12. Jh.) hat sogar psychedelische Pilze gekannt (SHAH 1980: 104-107). Bei diesem Angebot an psychotropen Drogen wundert es nicht, daß auch den Sufis die Entdeckung der berauschenden Wirkung des Hanfs in die Schuhe geschoben wird (ANWARI-ALHOSSEYNI 1981: 482).

Der im 12. Jahrhundert lebende al-Ukbary hat die Geschichte von der Entdeckung des Haschisch durch Scheich Haidar, dem Begründer des Haidari-Sufi-Ordens von Kharasan (Iran/Afghanistan), erzählt. Haidar lebte in einem Kloster in den Rama-Bergen. Er übte sich in langen Meditationen und verbrachte seine Zeit in totaler Zurückgezogenheit. Eines Tages bemerkte er bei einem Spaziergang in der sengenden Mittagshitze, daß es absolut windstill war. Dennoch fiel sein Blick auf eine buschige Pflanze, deren Blätter wie vom Winde hin- und herbewegt wurden. Dieses Phänomen deutete er als Zeichen göttlicher Offenbarung. Daraufhin verspeiste er einige Blätter oder Blüten und erlebte die Erleuchtung. Begeistert von der fantastischen Wirkung erklärte er seinen Schülern: »dieses Geschenk des allmächtigen Gottes sollt ihr einnehmen, damit ihr die Schattenseite eurer Seele überwindet und sich euer Geist erhellt.« Obwohl die Schüler angehalten wurden, das Geheimnis zu bewahren, wurde das Haschisch schnell in der islamischen Welt bekannt (NAHAS 1982: 817f., ROSENTHAL 1971: 48ff.).

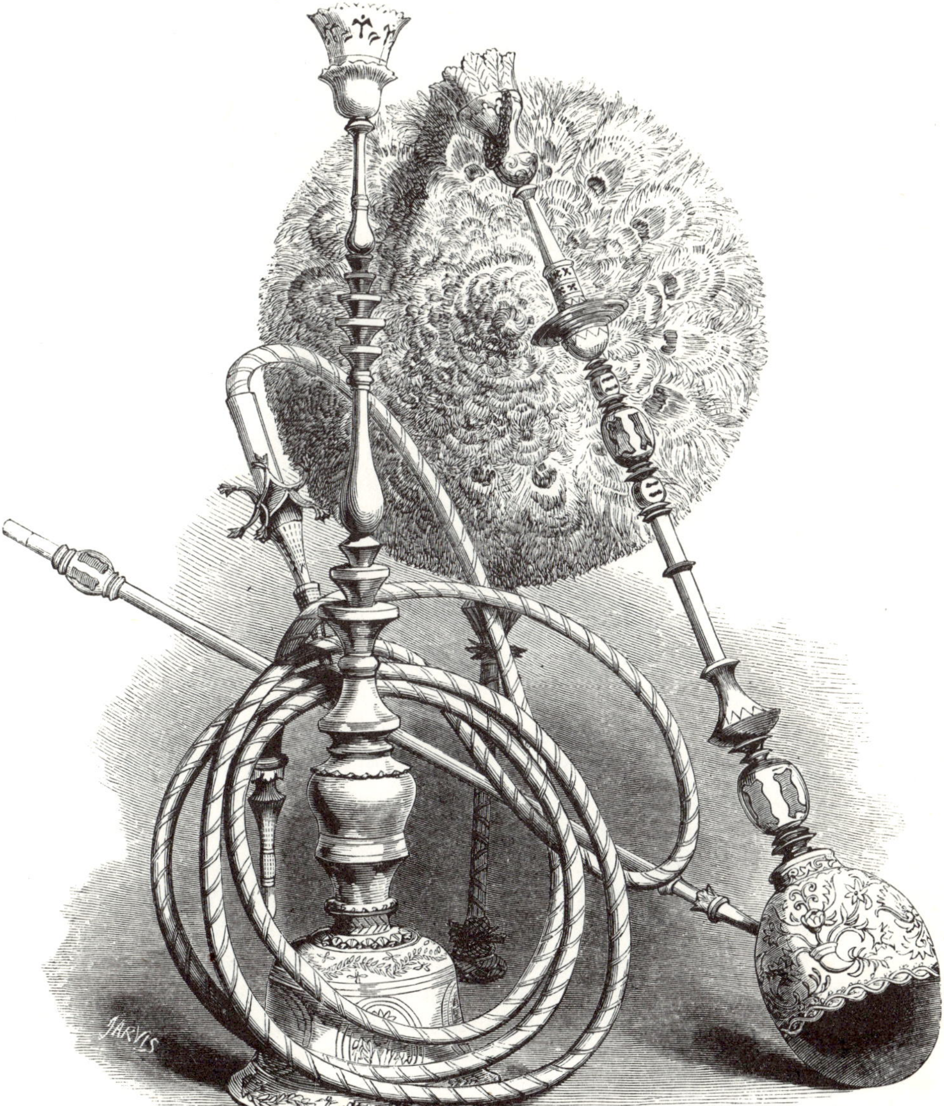

Prachtvolle Hookahs, Wasserpfeifen für den Hanfgenuß aus der Türkei und aus Ägypten *(Illustration zur Weltausstellung ca. 1860).*

Für die Muselmanen gehören der Genuß von Kaffee und Haschisch zusammen. Der Kaffee behebt die einschläfernde Wirkung des Haschisch und verstärkt zugleich die Euphorie *(Illustration aus dem 19. Jh.)*.

Der Sufi-Arzt al-Razi (865–925) hat angegeben, daß die Hanfblätter ein Medikament bei Ohrenleiden sind und hat sie bei Haarschuppenkrankheit und Blähungen verordnet. Er beschrieb auch als erster die Heilkraft des Hanf bei Epilepsie (NAHAS 1982: 823). Der Zeitgenosse und Arzt Ibn Wahshiyah (frühes 10. Jh.) hingegen warnte in seinem *Buch der Gifte* vor dem Gebrauch des Haschisch, besonders wenn es mit anderen Drogen vermischt werde (NAHAS 1982: 814). Der islamische Autor Ibn-al-Baytar (gestorben 1248) hat ein sehr einflußreiches Werk über Nahrungs- und Heilpflanzen hinterlassen. Er hat ausdrücklich zwischen dem Faserhanf und dem berauschenden Indischen Hanf unterschieden. Während er den Indischen Hanf als zu berauschend empfindet, verordnet er Faserhanf bei Ohrenschmerzen, obwohl er auch Kopfweh bewirken könne. Die Samen hält er für schwer verdaulich, aber für harntreibend (II:327). Der berühmte arabische Arzt Abu Ali Ibn Sina, genannt Avicenna (980–1037) fügt dem nichts weiter hinzu, nur daß der Hanf gegen Kopfweh wirke (Lib. II, trac. II, cap. 174). Der arabische Arzt al-Badri (1251) hat den Hanf als Appetitanreger beschrieben. Oft wurde der Hanf als Aphrodisiakum charakterisiert: es hieß, er könne die »Pforten der Begierde« öffnen. Übermäßiger Hanfgebrauch könne jedoch den Wunsch nach Geschlechtsverkehr mindern (NAHAS 1982: 823; vgl. GELPKE 1982: 103f.). Der deutsche Forschungsreisende und Naturforscher Georg Eberhard Rumpf, genannt Rumphius (1627–1702), hat in seinem Herbarium beschrieben, daß die Muselmanen den Indischen Hanf als Heilmittel bei Asthma, Gonorrhoe und Verstopfung, sowie als Antidot bei Vergiftungen benutzen (NAHAS 1982: 823).

In der islamischen, von der arabischen Medizinliteratur beeinflußten Welt wird Haschisch für hedonistische Zwecke meist in der Wasserpfeife geraucht. Man benutzt es pur, mit Bilsenkraut oder Tabak vermischt. Für aphrodisische und medizinische Zwecke wird es meist getrunken *(bhang)* oder gegessen. Oft wird Haschisch mit Honig und Gewürzen vermischt, manchmal auch mit Alraunenwurzel (ROSENTHAL 1971: 34). Der ägyptische Autor al-Maqrizi (13. Jh.) gab an, daß die Ärzte vorschreiben, den Hanf (Samen oder Blätter) nur mit Zucker oder Honig, mit Mandeln, Pistazien oder Mohnsamen einzunehmen. Außerdem sollte der Hanf vor dem Gebrauch geröstet werden. Andernfalls könne darin ein Dämon sitzen, der den Menschen irre macht (ROSENTHAL 1971: 57).

In Pakistan, wo der traditionelle Hanfgebrauch gesellschaftlich akzeptiert und kulturell erwünscht ist (KHAN et al. 1975), und im islamischen Norden Indiens hat sich die sogenannte Unani-Medizin seit dem Mittelalter gehalten. Sie ist im wesentlichen eine Kräuterheilmethode, die sich direkt auf Avicenna zurückführen läßt. Wie schon Avicenna den Hanf als Heilmittel rühmte, so wird er auch in der islamischen Unani-Medizin verwendet (KHAN et al. 1981). Der Hanf wird vor allem bei »Kopfschmerzen durch Heiße oder Kalte Temperamente ohne Schleim« verordnet (CHISTI 1988: 195). In Pakistan wurde zudem beobachtet, daß regelmäßige Bhang-Genießer niemals an Dysenterie, eine in Pakistan sehr häufige Krankheit, leiden (KHAN et al. 1975: 348f.).

Noch heute wird Hanf unter dem Namen *hasîs* im islamischen Yemen für medizinische Zwecke kultiviert. Das Harz und die (weiblichen) Blütenstände werden als Narkotika verwendet (FLEURENTIN & PELT 1982: 90f.). Im Yemen werden die Hanfblüten auch mit ephedrinhaltigen getrockneten Qat-Blättern *(Catha edulis)* vermischt geraucht.

Bezeichnend für die islamische Feindlichkeit psychoaktiven Drogen gegenüber ist die Tatsache, daß der Hanf in den modernen Werken zur islamischen Heilkunst der Sufis gar nicht erwähnt wird (z. B. MOINUDDIN 1984).

Rezepte

UNANI-KOPFSCHMERZMITTEL (nach CHISTI 1988: 195)

»Wenn die Kopfschmerzen nur auf der einen Seite des Kopfes, nicht aber auf der anderen erscheinen, ist dieses Rezept brauchbar: 1 Teelöffel von Gummi arabicum [Harz der *Acacia senegal*], 1/2 Teelöffel Hanf, 1/4 Teelöffel Safran. Misch dieses mit Eiweiß oder Rosenwasser. Verteile dies auf einem Stück Papier und hefte es an die Schläfe der betroffenen Seite. Es ist besonders brauchbar, wenn man es an einer pochenden Ader anbringt.«

BHANG (Pakistan; nach KHAN et al. 1975: 352)

Getrocknete Hanfblätter werden für 15 Minuten in Wasser geweicht, dann im selben erhitzt (aber nicht gekocht). Das Wasser wird abgegossen, und die vollgesogenen Blätter werden in fließendem Wasser für 15-20 Minuten gewaschen. Die so behandelten Blätter werden zu einer Paste zerrieben. Zum Konsumieren wird diese Paste in kaltem Wasser gelöst. Der Drink kann mit zermahlenen Mandeln, Zucker und Kardamom geschmacklich verbessert werden.

DUQ-E WAH-DAT, »BUTTERMILCH DER GÖTTLICHEN EINHEIT« (Iran)

Hanfblüten werden zerkleinert mit Zucker vermischt in Milch gelöst.

GEHANFTER KAFFEE (Yemen)

Haschisch wird mit Kardamom vermischt in zerlassenem Butterschmalz aufgelöst. Einen Teelöffel davon in eine Tasse heißen Kaffee geben; nach Geschmack süßen.

Literatur

ANWARI-ALHOSSEYNI, Schams
1981 »Über Haschisch and Opium im Iran« in: G. VÖLGER (Hg.), Rausch und Realität, Bd. 2: 482-487, Köln: Rautenstrauch-Joest-Museum

CHISTI, Hakim G. M.
1988 *The Traditional Healer: A Comprehensive Guide to the Principles and Practice of Unani Herbal Medicine.* Rochester, Vermont: Healing Arts Center

FERRE, Felipe
1991 *Kaffee: Eine Kulturgeschichte.* Tübingen: Wasmuth

FLEURENTIN, Jacques & Jean-Marie PELT
1982 »Repertory of Drugs and Medicinal Plants of Yemen« *Journal of Ethnopharmacology* 6: 85-108

GELPKE, Rudolf
1982 *Vom Rausch im Orient und Okzident.* Frankfurt/M. usw.: Ullstein (Klett-Cotta)

KHAN, A. B., M. TARIQ, S. H. AFAQ & M. ASIF
1981 »Poisons and Antidotes in Unani Systems of Medicine« *Indian Journal of History of Science* 16(1): 57-63

KHAN, Munir A., Assad ABBAS & Knud JENSEN
1975 »Cannabis Usage in Pakistan: A Pilot Study of Long Term Effects on Social Status and Physical Health« in: V. RUBIN (Hg.), *Cannabis and Culture*, S. 345-354, The Hague: Mouton

MOINUDDIN, Abu Abdallah Gulam
1984 *Die Heilkunst der Sufis: Grundsätze und Praktiken*. Freiburg i.B.: Bauer

NAHAS, Gabriel G.
1982 »Hashish in Islam 9th to 18th Century« *Bulletin of the New York Academy of Medicine* 58(9): 815-831

ROSENTHAL, Franz
1971 *The Herb: Hashish versus Medieval Muslim Society*. Leiden: E. J. Brill

SEEFELDER, Matthias
1987 *Opium: Eine Kulturgeschichte*. Frankfurt/M.: Athenäum

SCHOPEN, Armin
1981 »Qat in Yemen« in: G. VÖLGER (Hg.), *Rausch und Realität*, Bd. 2: 496-501, Köln: Rautenstrauch-Joest-Museum

SHAH, Idries
1980 *Die Sufis: Botschaft der Derwische, Weisheit der Magier*. Düsseldorf, Köln: Diederichs

SOURNIA, Jeans-Charles
1990 »Die arabische Medizin« in: R. TOELLNER (Hg.), *Illustrierte Geschichte der Medizin* Bd. 2: 585-625, Salzburg: Andreas & Andreas

STEINSCHNEIDER, Moritz
1971 *Die toxikologischen Schriften der Araber*. Hildesheim: Gerstenberg

TREBEN, Maria
1980 *Gesundheit aus der Apotheke Gottes*. Steyr: Ennsthaler

Hanaf

Das Kraut der germanischen Liebesgöttin

Der älteste bisher bekannte archäologische Hanffund (von Eisenberg/Thüringen) stammt noch aus vorgermanischer Zeit. Aber schon für die frühe germanische Zeit gibt es archäologische Belege. In der Asche einer Graburne aus Wilmersdorf in Brandenburg wurden die Samen von *Cannabis sativa* entdeckt. Der Fund wird auf das 5. Jh. v. Chr. datiert (Reininger 1968: 14). In südgermanischen Gräbern aus dem gleichen Zeitraum wurden Hanfsamen, -fasern und -blütenstände gefunden (Kessler 1985: 22). Daraus läßt sich schließen, daß der Hanf bereits in prähistorischer Zeit bei den südgermanischen Stämmen rituell, eben als Grabbeigabe, verwendet wurde.

Der Hanf hieß bei den Germanen, die hauptsächlich Bauern waren, *hanapiz, haenep* oder *hanaf.* Er wurde zusammen mit Getreide, Gemüse und anderen Nutzpflanzen auf Äckern angebaut (Derolez 1963: 21). Der Hanf durfte nur von

Mittelalterliche Darstellung der nordgermanischen Göttin Frigg oder Freya, wie eine Hexe auf ihrem Besen reitend. Die Nackte trägt den Umhang der alten Seherinnen. Der »Hexenbesen« ist vielleicht eine Erinnerung an einen Zauberstab aus Hanf. Der Hanf war der Göttin heilig und konnte den Geist beflügeln *(12. Jh.)*

Frauen ausgesät, gepflegt und geerntet werden (STORL 1986: 324). Aussaat und Ernte erfolgten unter erotischen Ritualen (RÄTSCH 1992). Bei der Ernte kam es zu starken Berauschungen: »Von dieser Betäubung kann man auch in deutschen Hanffeldern durchaus eine Vorstellung bekommen« (TOBLER 1938: 67). Der Hanf diente als Faserlieferant, als Nahrungsmittel sowie als Aphrodisiakum und Heilmittel. Die Stengel wurden bei der rituellen Austreibung des Winters verwendet: »Man legt einen solchen Stengel quer auf zwei Gartenböcke, schnellt ihn mit einer Gerte in die Luft... Diese fliegenden Hanfstengel stellen die Pfeile des Frühlings vor, durch die der Winter fortgeschossen wird.« (PERGER 1864: 197)

Der Hanf symbolisierte bei den germanischen Völkern die Fruchtbarkeit. Er war die heilige Pflanze der Liebesgöttin (KESSLER 1985: 22, NEMENYI 1988: 94). Die Liebesgöttin Frija war die Göttin der Fruchtbarkeit, des Frühlings und Schutzgöttin des Lebens und der Ehe. Der ihr heilige Hanf sollte bei den Menschen Fruchtbarkeit und Gesundheit bewirken.

Möglicherweise symbolisierte der Hanf bei den Germanen auch das Schicksal, das von den drei Nornen, den Schicksalsgöttinnen, die Vergangenheit, Gegenwart und Zukunft personifizieren, in einem endlosen Band aus (Hanf-)Fasern gesponnen wird (vgl. STORL 1986: 325).

Da zur traditionellen Gewinnung der Fasern die ganzen Pflanzen geschwelt werden (TOBLER 1938), muß man davon ausgehen, daß die Germanen die psychoaktive Wirkung der Blüten bei der Räucherung erkannt haben. »An diese Hanfräucherungen mit narkotischer Wirkung knüpfen sich auch die vermeintlichen Wirkungen der Einwickelung schmerzhafter Glieder mit Hanfwerg ›Haarbad‹ in der oberdeutschen Volksmedizin (Ersatz des Hanfbades [der Skythen]) oder der Bähung mit Hanfkraut, eine Erfahrung vermutlich aus der germanischen Nomaden-Periode, wo in den Zelthütten Hanfgras zeitweise zur Feuerung benutzt worden sein dürfte. Wenn das Hanföl heute noch gegen das Keuchen der Pferde verwendet wird, so ist auch dies eine Ableitung aus jener Hanfräucherung. Die Hanfkultur wurde aber im Mittelalter zumeist nur wegen des Hanföls, eines Fastenfettes (mhd. hanef-suppe) in eigenen Hanfgärten betätigt, damit erklärt sich auch, daß die ernährende Ölpflanze wie andere fruchtbarmachende Nährpflanzen als Heiratsorakel dient.« (HÖFLER 1990: 99)

Literatur

DEROLEZ, R. L. M.
1963 *Götter und Mythen der Germanen*. Einsiedeln usw.: Benzinger

HÖFLER, Max
1990 *Volksmedizinische Botanik der Germanen*. Berlin: VWB (Reprint von 1908)

KESSLER, Thomas (Hg.)
1985 *Cannabis Helvetica*. o. O.: Nachtschatten-Verlag

NEMENYI, Géza von
1988 *Heidnische Naturreligion*. Bergen: Bohmeier Verlag

PERGER, K. Ritter von
1864 *Deutsche Pflanzensagen*. Stuttgart, Oehringen: Schaber

RÄTSCH, Christian
1992 »Die heiligen Pflanzen unserer Ahnen« in: Ders. (Hg.), *Das Tor zu inneren Räumen*, Südergellersen: Verlag Bruno Martin

REININGER, W.
1968 »Remnants from Prehistoric Times« in: G. ANDREWS & S. VINKENOOG (Hg.), *The Book of Grass*, S. 14-15, New York: Grove Press

STORL, Wolf-Dieter
1986 *Vom rechten Umgang mit heilenden Pflanzen*. Freiburg i.B.: Bauer

TOBLER, Friedrich
1938 *Deutsche Faserpflanzen und Pflanzenfasern*. München, Berlin: Lehmanns Verlag

De Hanff-Cannabus

Hanf in der Hildegard-Medizin

Himmel und Erde und das Gesamt der geschaffenen Welt birgt der Mensch in sich selber.
Und so ruht im Menschen eingeborgen das All.

Hildegard von Bingen

Hildegard von Bingen (1098–1179) wird heute gern als »die erste deutsche Seherin« dargestellt. Jedoch hatte die katholische Mystikerin viele Vorläuferinnen. Sie nahm zu Lebzeiten die aus heidnischer Tradition keimende altgermanische Rolle als Seherin, Heilige und Ärztin an. Die besonderen Kräfte und Fähigkeiten der germanischen Frauen sind bereits dem römischen Geschichtsschreiber Tacitus (1. Jh. n. Chr.) aufgefallen. In seiner *Germania* schreibt er von diesen Frauen:

> »Ja sie [die Germanen] glauben, den Frauen eigne sogar etwas Heiliges und Seherisches; ihre Ratschläge verwerfen sie daher nicht, noch mißachten sie ihre Bescheide. Wir haben unter dem nun verewigten Vespasianus gesehen, wie eine Veleda lange Zeit bei sehr vielen (Germanen) als göttliches Wesen betrachtet wurde. Aber auch früher schon haben sie eine Albruna und mehrere andere verehrt, freilich nicht in Unterwürfigkeit (wie wir) und ohne sie gleichsam zu Göttinnen zu machen.« (*Germania* VIII)

Die Kraft der germanischen Frau hat sich bis ins späte Mittelalter gehalten (Rosenberg 1988: 51). Ihre heidnische Verwurzelung brachte sie in der Wende zur Neuzeit als Hexe auf den Scheiterhaufen.

Im 11. und 12. Jahrhundert war Germanien in den Augen der römischen Kirche gänzlich zum Christentum bekehrt worden. Das 12. Jahrhundert brachte aber einige Verwirrung. Der Unmut der Kirche gegenüber wuchs in allen Schichten der Bevölkerung. Der Schwarze Tod zog durch das Land. Das Antoniusfeuer loderte in vielen Köpfen. Geschichten von Hexen und diabolischen Weibern verbreiteten sich. Die Unzufriedenheit mit Herrschern und Kirche führte zu der Bildung vieler Sekten, z. B. den Katharern und den Adamiten, deren ketzerische Rituale von Hieronymus Bosch im *Garten der Lüste* verewigt wurden. Die

Abtrünnigkeit der Bevölkerung veranlaßte die Kirche zu verheerenden Maßnahmen; die Inquisition wurde erfunden und die großen Kreuzzüge wurden organisiert. Als Bernhard von Clairvaux im Jahre 1147 »das Kreuz predigt und mit seiner glühenden, hinreißenden Beredsamkeit die Massen entflammt, erwacht in einsamen Nonnenzellen der Walkürengeist.« (zit. in CLAUSBERG 1980: 84)

Dieser »Walkürengeist« regte sich besonders in der rheinischen Prophetin, Visionärin, Nonne, Ärztin, Gelehrten und späteren Äbtissin Hildegard von Bingen. Die *prophetessa teutonica* vom Rupertsberg wurde 1098 mitten in die Zeit kultureller Unsicherheit geboren. Sie wuchs als kränkliches, schwindsüchtiges Mädchen auf und hatte schon früh visionäre Erfahrungen. Sie traute sich jedoch nicht davon zu sprechen. Erst viel später diktierte sie ihre Visionen und ließ sie in lateinischer Sprache niederschreiben. In ihrem prophetischen Werk *Scivias* (»Wisse die Wege«) beschrieb sie genau, wie ihre Visionen zustande kamen:

> »Die Gesichte, die ich schaue, empfange ich nicht in traumhaften Zuständen, nicht im Schlafe oder in Geistesgestörtheit, nicht mit den Augen des Körpers oder den Ohren des äußeren Menschen und nicht an abgelegenen Orten, sondern wachend, besonnen und mit klarem Geiste, mit den Augen und Ohren des inneren Menschen, an allgemein zugänglichen Orten, so wie Gott es will. Wie das geschieht, ist für den mit Fleisch umkleideten Menschen schwer zu verstehen.«

Deutlich wird in diesem Zitat das Bemühen um die Anerkennung der Echtheit ihrer Visionen, denn Visionäre wurden von der Kirche immer mit großem Mißtrauen betrachtet und meist als falsche Propheten zu Ketzern oder Herätikern abgestempelt. Auch Hildegard mußte um die kirchliche Anerkennung kämpfen. Aber auf einer Trierer Synode (1147/48) war ihrer Visionsgabe durch eine päpstliche Prüfungskommission der »Status von Privat-Offenbarungen« zuerkannt worden (CLAUSBERG 1980: 89). Die rheinische Seherin wurde schon zu Lebzeiten eine Volksheilige. Die offizielle Heiligsprechung durch den Vatikan läßt bis heute auf sich warten (CLAUSBERG 1980: 90).

Hildegard entwickelte ein visionäres, mystisches Weltbild, das animistische, antike, orphische und frühchristliche Elemente miteinander versammelte. Ihre Visionen sollten den mittelalterlichen Menschen einen Weg durch ihr Leben zeigen und ihnen den Pfad zu Gott offenbaren; sie sollten auch die Herätiker wieder zur Kirche zurückführen. Hildegard sieht als Quelle des Lebens die *viriditas*, die »grüne Kraft«, die in allen Geschöpfen fließt und sie mit Leben und Göttlichkeit erfüllt (METZNER 1988). In ihrem Spätwerk, dem *Liber divinorum operum*, dem »Buch der göttlichen Operationen«, entwirft Hildegard ein animistisch-pantheistisches, geradezu alchimistisches Weltbild:

Hildegard von Bingen hinterließ neben ihren medizinischen Schriften mehrere Bücher, in denen sie ihre Visionen mitteilte, sowie einige Kompositionen. Aus zeitgenössischen Berichten geht hervor, daß sie eher gebrechlich und kränklich war, aber von fanatischem Ehrgeiz getrieben wurde *(Holzschnitt, 18./19. Jh.)*.

»Auch ich bin das feurige Leben der göttlichen Substanz, ich flamme über die Schönheit der Fluren und leuchte in den Wassern und brenne in Sonne, Mond und Sternen; und mit dem luftigen Winde gewissermaßen unsichtbar bin ich das Leben, das alles erhält, errege ich lebend alles. Die Luft lebt wirklich im Grünen und in den Blüten; die Wasser fließen, als ob sie lebten; die Sonne lebt wahrhaftig in ihrem Glanze, und der Mond wird nach seinem Abnehmen vom Licht der Sonne entzündet, damit er sozusagen von neuem lebe; auch die Sterne leuchten in ihrem Lichte wie lebend... So bin ich als feurige Kraft in allem verborgen, und die Dinge entzünden sich wie selbst durch mich, wie der Atem unablässig den Menschen bewegt, und wie im Feuer die flackernde Flamme ist. All diese Dinge leben in ihrem Innersten, und man findet keinen Tod an ihnen, weil ich das Leben bin.«

Ungewöhnlich mutet ihr Menschenbild an:

»Daher existieren beide, Leib und Seele, trotz ihrer verschiedenen Naturen, dennoch als eine einzige Wirklichkeit. Und so lebt dann auch der Mensch in

> seiner ganz konkreten Verfassung: oben wie unten, außen wie innen, allüberall existiert er als Leiblichkeit. Und das ist das Wesen des Menschen.« (nach SCHIPPERGES 1984: 14)

Hildegard von Bingen wird gerne als die »erste deutsche Naturforscherin und Ärztin« bezeichnet. Sie unterhielt im Kloster einen Garten mit Nahrungs-, Gewürz- und Heilpflanzen. Auch studierte sie die antiken und arabischen Schriften zur Arzneimittellehre und Heilkunst (Dioskurides, Galen, Celsus, Avicenna u. a.). Durch ihre Nähe zum Volk konnte sie viel einheimisches, ursprünglich germanisches Kräuterwissen zusammentragen. aus diesen verschiedenen Quellen speisten sich ihre naturkundlichen und medizinischen Schriften (ROSENBERG 1988: 69). In der *Physika* oder »Naturkunde« werden die medizinischen Eigenschaften und Anwendungen von einheimischen und ausländischen Pflanzen, Tieren und Steinen beschrieben. In *Causae et Curae* oder »Ursachen und Behandlung der Krankheiten« wird ein geschlossenes mittelalterliches Medizinsystem entworfen (SCHIPPERGES 1990). In beiden Werken finden sich viele Hinweise über den mittelalterlich-klösterlichen und germanisch-bodenständigen Gebrauch von Küchenkräutern, Gift- und Heilpflanzen (MÜLLER 1982). Die Zeit der Hildegard wird gerne als die »Blüte der Klostermedizin« bezeichnet (KÜHNEMANN 1988). Im Kapitel 1–11 der *Physica* heißt es:

> »*[De Hanff-Cannabus] Vom Hanf.* Der Hanf ist warm, und wenn die Luft weder sehr warm noch sehr kalt ist, wächst er, und so ist auch seine Natur, und sein Same enthält Heilkraft, und er ist für gesunde Menschen heilsam zu essen, und in ihrem Magen ist er leicht und nützlich, so daß er den Schleim einigermaßen aus dem Magen wegschafft, und er kann leicht verdaut werden, und er vermindert die üblen Säfte und macht die guten Säfte stark. Aber wer im Kopfe krank ist und ein leeres Gehirn hat und (dann) Hanf ißt, dem bereitet dies leicht etwas Schmerz im Kopf. Jenem aber, der einen gesunden Kopf hat und ein volles Gehirn im Kopf, dem schadet er nicht. Aber wer sehr krank ist, dem bereitet er im Magen etwas Schmerz. Jenem aber, der mäßig krank ist, schadet das Gegessene nicht.
> Wer aber einen kalten Magen hat, der koche Hanf in Wasser und, nach dem Ausdrücken des Wassers, wickle er es in ein Tüchlein. Und er lege es so warm oft auf den Magen, und das stärkt ihn und bringt ihn wieder in seinen Zustand. Und wer sogar ein leeres Gehirn hat und Hanf ißt, dem bereitet er etwas Schmerz im Kopf. Aber dem gesunden Kopf und dem vollen Gehirn schadet er nicht. Ein aus Hanf gefertigtes Tuch ist gut zum Verbinden der Geschwüre und Wunden, weil die Wärme in ihm mäßig ist.«

Hildegard von Bingen hatte offensichtlich die »grüne Kraft« – die seit den Sechziger Jahren ein Synonym für Haschisch ist – auch im Hanf entdeckt:

»In der Darstellung Hildegards nun, die selten Hinweise auf die Wachstumsbedingungen der Pflanzen macht, fällt die Mitteilung auf, die Pflanze gedeihe nur unter günstigen Klimabedingungen, wenn die Luft nicht zu warm und nicht zu kalt sei, also in gemäßigten Klimazonen. Diese ungewöhnliche Bemerkung im Zusammenhang mit ihrer Erklärung, Cannabis schade dem Kopf und rufe Kopfschmerzen hervor, könnte zu der Vermutung Anlaß geben, Hildegard möchte Hanfpflanzen beobachtet, die gelegentlich in kleinen Mengen auch Haschisch produzierten.« (MÜLLER 1982: 94)

Könnte man eventuell so weit gehen und vermuten, die rheinische Sybille habe selbst mal am Harz gekostet und dadurch ihre Visionen von der »grünen Kraft« verstärkt? Immerhin läßt sich eine direkte Spur von der »Grünen Kraft« der 60er Jahre zur ökologischen Grünen Bewegung der 70er verfolgen.

In den letzten Jahren erfährt die »Hildegard-Medizin« in neo-christlichen oder New-Age-Kreisen eine ertaunliche Renaissance. Es erscheinen haufenweise Kräuterbücher, die auf den Schriften der Hildegard beruhen. Dabei werden die Hildegard-Rezepte wie das Dogma eines neuen Glaubens dargestellt. Die wohl einflußreichsten Protagonisten der Hildegard-Medizin, die beiden Ärzte (Männer!) HERTZKA und STREHLOW, glauben, daß die Rezepte der Hildegard nur dann wirklich heilsam sind, wenn sie dem Original entsprechend richtig hergestellt und verabreicht werden. »Dr. Hertzka – das geht aus seinen Schriften hervor – hat immer wieder versucht, Medikamente nach den mehr als 800 Jahre alten Vorschriften der Heiligen zusammenzustellen. So hat er durchgesetzt, daß er von den zwei ganz seltenen, unter strengem Naturschutz stehenden Weißkopf-Geiern, die früher jährlich von der Salzburger Landesregierung zum Abschluß freigegeben wurden, einen ›für Forschungszwecke zugesprochen‹ bekam.« (REGER 1984: 22) Stolz berichtet HERTZKA von der »Geiersalbe«, die er aus den geschützten Vögeln zubereitet, denn nur das Originalrezept könne Krebs und Querschnittlähmung heilen. Hier wird gerne, aus rein dogmatischen Gründen das Gesetz übertreten. Auf der anderen Seite findet man in HERTZKAS Schriften (HERTZKA & STREHLOW 1987; übrigens auch in den Büchern von REGER 1984 und SCHILLER 1991) keinen einzigen Hinweis auf den Hanf. Er wird wohl aus medizinpolitischen Gründen totgeschwiegen, so als wäre er kein Bestandteil der »Hildegard-Medizin«.

Literatur

CLAUSBERG, Karl

1980 *Kosmische Visionen: Mystische Weltbilder von Hildegard von Bingen bis heute.* Köln: DuMont.

HERTZKA, Gottfried & Wighard STREHLOW

1987 *Handbuch der Hildegard-Medizin.* Freiburg i.B.: Bauer

HILDEGARD VON BINGEN

1985 *Ursachen und Behandlung der Krankheiten.* Heidelberg: Haug

1989 *Naturkunde.* (4. Aufl.) Salzburg: Otto Müller Verlag

1991 *Heilkraft der Natur:* »Physica«. Augsburg: Pattloch [erste textkritische Übersetzung]

KÜHNEMANN, Antje-Kathrin

1988 *Geheimnisse der Klostermedizin.* Augsburg: Pattloch

METZNER, Ralph

1988 »The Mystical Symbolic Psychology of Hildegard von Bingen« *ReVISION* 11(2): 3-12

MÜLLER, Irmgard

1982 *Die pflanzlichen Heilmittel bei Hildegard von Bingen.* Salzburg: Otto Müller Verlag

REGER, Karl Heinz

1984 *Hildegard-Medizin.* München: Goldmann

ROSENBERG, Alfons

1988 *Die Frau als Seherin und Prophetin* (2. gekürzte Aufl.). München: Kösel

SCHILLER, Reinhard

1991 *Hildegard Pflanzen-Apotheke.* Augsburg: Pattloch

SCHIPPERGES, Heinrich

1984 *Hildegard von Bingen und ihre Impulse für die moderne Welt.* Eibingen: Buch- und Kunsthandlung St. Hildegard

1990 *Der Garten der Gesundheit: Medizin im Mittelalter.* München: dtv

TACITUS

1988 *Germania – Bericht über Germanien.* München: dtv

Hempe

Hanf bei den Vätern der Botanik

Mit der anbrechenden frühen Neuzeit kam es in Europa zu großen Umwälzungen in vielerlei Hinsicht. Die Erfindung des Buchdruckes (um 1440) veränderte die Soziologie des Wissens auf dramatische Weise. Die Entdeckung der Neuen Welt revolutionierte das herrschende, von der Kirche aufgezwungene Weltbild. Innerhalb der Kirche kam es zum ersten Bruch, zur Reformation. Die Wissenschaften emanzipierten sich zunehmend von den starren Vorstellungen des Mittelalters. Das Denken wurde zunehmend zukunftsorientiert und fand in Büchern à la *Utopia* seinen Ausdruck. Neue Erfindungen, wie die der mechanischen Uhr, sowie neue Krankheiten (Syphillis) und eingeführte exotische Drogen veränderten das Leben eines jeden (WILHELM 1984).

In dieser Zeit des schnellen kulturellen Wandels entstanden die »naturwissenschaftlichen« Bücher der Autoren, die als »Deutsche Väter der Botanik« in die europäische Kulturgeschichte eingezogen sind. Im wesentlichen gelten Otto BRUNFELS (um 1490–1534), Leonard FUCHS (1501–1566) und Hieronymus BOCK (1498–1554) als die »Väter«; manche ihrer Schüler, wie Johann Jakob Theodor genannt TABERNAEMONTANUS (1522–1590), und ihre Epigonen wie Adam Lonitzer genannt LONICERUS (1528–1586) werden mitunter auch dazugerechnet (GALWITZ 1992:

Die früheste botanisch genaue und korrekte Abbildung einer Hanfpflanze (»Zahmer Hanf«) stammt aus dem *Kreuterbuch* des Leonard FUCHS *(Holzschnitt, 1543)*. Dargestellt ist eine männliche Pflanze.

Von Hanff. Cap. CXLVIII.

Namen.

A Hanff würt auff Griechisch vnd Lateinisch Cannabis geheyssen. Die Apotecker nennen jn Canabum.

Geschlecht.

Des Hanffs seind zweyerley geschlecht/zam vnd wild. Des zamen so man zů den starcken seylern braucht/ seind auch zwey geschlecht/menle vnd weible. Das menle bringt samen/aber das weible keinen. Daher kompt es das man denselben Hanff Femel/nach dem Lateinischen namen Femellam/neñet. Den wilden Hanff/welcher zů Latein Torminalis würt geheyssen/haben wir noch nit gesehen.

Gestalt.

B Der zam Hanff Femel genent/ hat einen schlechten/holen/dünen stengel/gewindt geele weisse kleine blůmlin / fliegen daruon wie der staub / on alle frucht oder samen. Jst den blettern nach/ dem menle gleich. Die bletter aber desselbigen seind zerteylt/etlichs in fünff/etlichs in siben/zehen/ mehr oder minder teyl/ anzůsehen wie die finger an der außgebreytẽ hand. Die bletlin aber oder fingerlin seind schmal/vnd neben vmbher mit kleinen schärtlin wie ein sichel zerkerfft/ rauch/schwartzgrün/ vnnd eins starcken geruchs. Er gewindt auch vil neben zincken in der höhe/wie ein zimlichs beumlin/vnd die äst hangen voller samen/ an den gipffeln in runden heüßlin verschlossen. Der wild Hanff/wie Dioscorides anzeygt/hat stengel wie Eibisch kraut / doch vil schwertzer / scherpffer oder rauher vnd kleiner / gemeinlich elen hoch. Die bletter seind des zamen blettern gleich / doch rauher vnnd schwertzer. Seine blůmen seind braunrotlecht/ der same vnd die wurtzel dem Eibischkraut gleich.

C Statt irer wachsung.

Der zam Hanff würt gesäet vnd gepflantzt/vnd koñen beyderley geschlecht von einem samen/ das doch wunderbarlich ist/dañ eins ist fruchtbar / das ander bleibt vnfruchtbar. Der wild nach anzeygung Dioscoridis wechßt in wälden vnd herten rauhen orten. Apuleius aber schreibt das er neben dem weg/ vñ bey den zeünen gefunden würt.

Zeit.

Vnder dem zamen Hanff würt der Femel am ersten zeitig/nemlich im Hewmonat. Der ander aber erst im Herbst / vmb die zeit so tag vnd nacht einander gleich seind/dañ zů derselbigen zeit findt man den zeitigen samen.

D Die natur vnd complerion.

Der Hanff ist warmer vnd truckner natur/vnd wie Galenus bezeugt/so ist er seer warm. Darumb jrren die nit wenig so sagen der Hanff sey kallter natur.

Die krafft vnd würckung.

Der zam Hanff samen in grosser menig genom̃en trücknet vnd tilgt auß den meñlichen samen. Der safft aber auß dem grünen Hanff getruckt / in die ohren warm gethon/legt den schmertzen derselbigen. Der same vertreibt die bläst vñ wind im leib. Er würdt aber schwärlich verdewet/ist dem haupt vnd magen widerwertig/ vnd gebiert böß feüchtigkeyt im leib. Darumb thůn die thörlich/ so den Hanff stäts/vnd zů täglicher speiß brauchen. Die Hanffwurtzel in wasser gesotten/ vñ übergeschlagen/erweycht die zůsamen gezogne gleych. Jst auch gůt zů

Von Hanff. Cap. CXLVIII.

gůt zů dem Podagra. Die rowe wurtzel zerstossen vnd übergeschlagen/ ist gůt zů dem brandt. Der wild Hanff gesotten vnnd übergelegt lindert vnnd zerteylt die geschwulst.

Faksimile der Beschreibung des Hanfs bei Leonard FUCHS (1543).

39ff., LEIBROCK-PLEHN 1992). BRUNFELS, BOCK und FUCHS lebten nicht zur selben Zeit, sie wechselten alle zum Protestantismus über und arbeiteten zunächst im kirchlichen Bereich, bevor sie sich ganz der Kräuterkunde zuwandten. Ihre »Kräuterbücher« – so wurden die medizinisch-botanischen Werke genannt – erschienen alle in der ersten Hälfte des 16. Jahrhunderts, zunächst in lateinischer Sprache, später in mehreren deutschen Auflagen und fanden eine sehr weite Verbreitung.

Eine der wesentlichsten Neuerungen durch die »Väter der Botanik« waren die erstmals botanisch brauchbaren Illustrationen (HEILMANN 1973, RIX 1989). Während die Illustrationen den wesentlichen Fortschritt der Botanik in Richtung Wissenschaft markierten, bleiben die Texte stark der antiken und arabischen Tradition verhaftet (Dioskurides, Avicenna). Allerdings wenden sich die Autoren sehr gegen die von Arabisten verwendeten aufwendigen Composita. Oft finden sich auch Angaben, die offensichtlich aus dem deutschen Volksglauben und Volkstum stammen, möglicherweise sogar aus germanischer Tradition (BECKMANN & BECKMANN 1990: 39; LEIBROCK-PLEHN 1992: 78).

Alle »Väter der Botanik« stimmen darin überein, daß der Hanf eine warme und trockene Natur habe und deswegen die Winde und Blähungen auflöse. Alle geben die Indikationen des Dioskurides bei Ohrenleiden wieder und warnen »Wer ab hanff somen zuuil trinckt/der verleürt sein natürlich geberende krafft« (BRUNFELS 1532), d. h. wird impotent. Neu ist bei BRUNFELS die Verwendung der gekochten Wurzel als Umschlag bei Gliederschmerzen. Diese Angabe ist vielleicht auf altgermanisches Gedankengut zurückzuführen. Hieronymus BOCK beschreibt sogar einen Gebrauch aus Franken:

> »Im Land zu Francken / und ach an andern orten / kocht man den Hanffsamen zur täglichen Speiß / wie die Gersten / aber inn der warheit solche kost stäts gebraucht / macht ein blöden kalten Magen / dilgt aus die wärme unnd krafft der natürlichen Wercke.«

Er gibt auch zwei offensichtlich einheimische Rezepte an:

> »Hanffsamen inn Milch gesotten und gedruncken ganz warm / stellet und vertreibt den heissen druckenen Husten.
> Für das reissen im Leib nim Hanffsamen souil du wilt / wesch den staub mit wasser ab / geuß gutten weissen Wein darauff / und seude es biß die körner auffspringen / darnach laß ein Milch darauß machen / von der nim einen warmen drunck / so würt es den wehetagen lindern / du solt es aber nit allein einmal / sondern zum andern un dritten mal thun.«

350 **Kräuterbuchs Anderer Theil/**

Rotlauff. Wild-Feuer. Ohren-triessen.

Wild Hanffkraut zerstossen / über den Rothlauff und wild Feuer gelegt/vertreibt dasselbig sehr fein. Welcher viel Feuchtigkeit in Ohren hat / die stättigs fliessen / der lasse Hanffsamenöl warm darein/er geniest. Dieses Kraut mehret das Hauptwehe / dem / der damit handelt / und bringt die Tobsucht. Nimb Nußläuffelsafft ein Loth / wilder Salbeysafft ein halb Loth / Rautensafft drey Quintlin / Isopsafft drey Loth / Hanffkrautsafft vier Loth / misch untereinander / und nimb darvon ein halb Loth/ misch darunter ein halb Quintlin Mumia / Zuckercandit ein halb Lot / Rosenzucker ein Quintlin / mach einen Tranck darauß / den trincke Abends/ so du schlaffen gehen wilt/ und laß dich wol zudecken/das benimpt alle Feuchtigkeit im Menschen / darvon sich die Pestilentz erheben kan. Dieser Tranck dienet auch wol der Wassersucht. Und welcher den also in Mund nimpt / der darff sich der Kranckheiten keiner besorgen.

Pestilentz.

Wer Hanffsaamen zu viel nützt / und insonderheit die Männer / denen wird ihr natürlicher Same verruckt / und macht einen kalten blöden Magen.

Safft vom Kraut in die Ohren gethan / tödtet was für Ungeziefers darinn gekrochen ist. Wild Hanffkraut zerstossen/übergelegt/heilet den Rothlauff und wild Feuer.

Hanffwasser.

Hauptwehe.

Das beste Theil und Zeit seiner Destillierung sind / die Tollen / dieweil er noch jung und grün ist/ gehackt und gebrannt. Diß Wasser ist gut für Hauptwehe/so von Hitz herkompt/das Haupt/Stirn und Schläff offtmals damit bestrichen/ oder darüber geschlagen/sonderlich zum hitzigen Podagra. Ist gut für alle Hitz/sie sey im Leib/wo sie wölle/ Tücher darinnen genetzt und überlegt / im Winter deß Tags zweymal / im Sommer dreymal.

Podagra.

Hanff / Cannabis. Cap. 178.

Nahmen.

HAnff / bey den Græcis, Κάνναβις, und bey den Latinis, Cannabis, Vulgò Canapus, *Ital. Cannape. Gall. du Chanure. Hisp. Canhamo* genannt, Ist zahm und wild / beyde einander gantz gleich.

Geschlecht. Gestalt.

Hanff hat ein langen Stengel/ lange Aest / und einen starcken Geruch / der Saame ist inwendig hol / blühet geel / der Saame ist dem wilden Saffran gleich.

Krafft und Wirckung.

Husten. Ohren-würm.

Hanff ist kalter und trockener Natur. Hanffsaamen in Milch gesotten/und gar warm getruncken / vertreibt den heissen / trockenen Husten.

Der Safft vom Kraut in die Ohren gethan / tödtet die Würm oder anders/so darinnen ist.

Wild

Faksimile der Beschreibung des Hanfs bei LONICERUS (1679).

Die wichtigste neue Angabe findet sich bei TABERNAEMONTANUS, dessen *Kräuterbuch* zu den umfangreichsten Werken seiner Art zählt: »Welchen Weibern die Mutter aufstößt / denen soll man Hanff anzünden / und für die Nasen halten« (1731: 937). Dies ist meines Wissens die erste schriftliche Erwähnung des medizinischen Kiffens in der deutschen Literatur.

Die Werke der »Väter der Botanik« haben in ganz entscheidendem Maße die Volksmedizin der folgenden Jahrhunderte beeinflußt. So wundert es kaum, daß sich manche der Angaben mit dem volksmedizinischen Gebrauch in neuerer und neuester Zeit decken.

Literatur

BECKMANN, Dieter & Barbara BECKMANN
1990 *Alraun, Beifuß und andere Hexenkräuter.* Frankfurt/M., New York: Campus

BOCK, Hieronymus
1577 *Kreütterbuch.* Straßburg: Rihel

BRUNFELS, Otto
1532 *Contrafayt Kreüterbuch.* Straßburg: Schotten

FUCHS, Leonard
1534 *Kreutterbuch.* Basel: Isingrin

GALLWITZ, Esther
1992 *Kleiner Kräutergarten.* Frankfurt/M.: Insel

HEILMANN, Karl Eugen
1973 *Kräuterbücher in Bild und Geschichte.* München-Allach: Verlag Konrad Kölbl

LEIBROCK-PLEHN, Larissa
1992 *Hexenkräuter oder Arznei: Die Abtreibungsmittel im 16. und 17. Jahrhundert.* Stuttgart: Wissenschaftliche Verlagsgesellschaft

LONICERUS, Adamus
1679 *Kreuterbuch.* Frankfurt: Matthäus Wagner

RIX, Martyn
1989 *The Art of Botanical Illustration.* London: Bracken Books

TABERNAEMONTANUS, Jacobus Theodorus
1731 *Neu vollkommen Kräuterbuch.* (BAUHIN-Ausgabe) Basel/Offenbach: König

WILHELM, MICHAEL
1984 *Das grüne Geheimnis.* Reinbek: Einhorn-Presse Verlag

Destillate

Hanf in der Alchimie

Die Alchimie ist die Lehre von dem inneren Zusammenhang der Stoffe und deren Gesetzmäßigkeiten bei der Umwandlung (Transformation oder Transmutation) der aus den vier Elementen (Luft, Wasser, Feuer, Erde) aufgebauten materiellen und geistigen Welt. Die Alchimie verbindet naturwissenschaftliche mit geistigen Methoden. Auf der materiellen Ebene werden Elixiere, die zu Unsterblichkeit und Erleuchtung, zum »Stein der Weisen« führen, und Allheilmittel (Panaceen) mittels chemischer Techniken gesucht. auf der geistigen Ebene wird die Bewußtseinserweiterung, die sogenannte »Destillation des Geistes«, die schrittweise Klärung des Bewußtseins und die Einweihung in höhere Sphären angestrebt. Oft sind die komplizierten äußeren technischen Verfahren nur symbolische Abbilder entsprechender innerer Prozesse. Die Alchimie kann als ein Ritual verstanden werden, bei dem die Handlungen im Laboratorium mit den eigenen Bewußtseinsprozessen in Einklang gebracht werden (METZNER 1971: 83-105, 1989).

Das Wort Alchimie kommt aus dem Arabischen *al kimiya*, das »Schwarze«. Die Alchimie war schon im Altertum eine Geheimwissenschaft, die sich auf den griechisch-ägyptischen Gott Hermes-Trismegistos berufen hat (LUCK 1990: 443-465). Bereits in der Antike existierten nebeneinander die chemisch-techni-

Alchimistische Darstellung einer Wasserpfeife. Der daran saugende Alchimist erblickt im aufsteigenden Rauch eine typisch psychedelische Vision. Was aber lodert in dem Löwenmaul? *(Zeitgenössischer Holzschnitt, Bibliothèque de Gèneve)*

Der Planetengott Saturn beherrscht das Element Blei und alle dunklen, giftigen oder zauberkräftigen Kräuter, darunter Alraune, Bilsenkraut, Schierling und Hanf. Den Alchimisten galt der Saturn als Symbol des Lebens, Todes und der Wiedergeburt. *(Titelkupfer zu Johann Becher, Leipzig, 1738)*

schen und philosophisch-magisch-astrologischen Methoden, die sich im europäischen Mittelalter höchster Beliebtheit erfreuten. Neben dem Wunsch aus Blei Gold herstellen zu können, war schon im Altertum Ziel und Aufgabe der ägyptischen und griechischen Alchimisten die Entwicklung und Verbesserung von Medikamenten (Luck 1990: 445f.). In der Hochzeit der mitteleuropäischen Alchimie (14.–17. Jh.) stand neben der Entwicklung komplizierter philosophischer Systeme (Rosenkreuzer usw.) auch die Verbesserung von Heilmitteln an erster Stelle. »Es ging den Alchimisten *(sic)* unter anderem darum, Vorgänge, die sich in der Natur abspielen, im Laboratorium nachzuahmen, sie aber gleichzeitig zu beschleunigen und zu vervollkommnen. Sie strebten danach, die Natur zu verbessern, die gleichen Resultate zu erzielen wie die Natur, aber rationeller.« (Luck 1990: 446) Dabei war besonders das Prinzip der Destillation in den Focus alchimistischen Interesses gerückt. Die »Kunst des Destillierens« wurde besonders von dem Straßburger Wundarzt Hieronymus BRAUNSCHWEIG (15. Jh.) perfektioniert. Sein Buch, in deutscher Übersetzung 1610 erschienen, war sehr einflußreich in der aufkommenden Apothekerkunst und wissenschaftlichen Chemie (GEBELEIN 1991: 196; REICHEN 1964). Darin sind neben den sehr ausführlichen technischen Angaben Hunderte von medizinischen Rezepten zur Herstellung sogenannter »Wasser«, d. h. Destillate, aufgelistet. Neben »Wassern« anderer psychoaktiver Pflanzen (Alraune, Bilsenkraut), die seit der Antike das lebhafte Interesse der Alchimisten erregten, wird ein »Hanfkrautwasser« angeführt:

> »Von Hanffkraut Wasser. Als beste Theil und Zeit seiner Destillierung sind die Dolden dieweiler jung und grün ißt / gehackt und gebrant.
> Hanffkraut Wasser ißt auß der masen gut für das Haupt Wehe / das von Hitze kompt / das Haupt / Schläff und Stirn darmit bestrichen / und etwan manich mal widerholet. Hanffkraut Wasser löschet und vertreibet alle Hitz / wo sie ist / Tücher darinnen genetzt und ubergelegt / und das im Winter zu dem Tag zweimal / im Sommer aber täglich dreymal gethan.« (BRAUNSCHWEIG 1610: 73)

Der berühmte englische Arzt, Astrologe und Apotheker Nicholas CULPEPER (1616–1654) hat das einflußreichste Kräuterbuch des 17. Jahrhunderts geschrieben, *Culpeper's Complete Herbal.* Darin faßte er das alchimistisch-astrologische und wissenschaftliche Wissen seiner Zeit sowie seine eigenen Erfahrungen als behandelnder Arzt und praktizierender Apotheker zusammen. In England galt sein Buch über dreihundert Jahre als *das* Standardwerk zum medizinischen Kräutergebrauch. Es hat ganze Generationen von Ärzten nachhaltig beeinflußt und wesentlich die englische Volksmedizin geprägt. Über den Hanf *(Cannabis sativa)* schrieb CULPEPER:

> »Er ist eine Pflanze des Saturns. Die Samen vertreiben den Wind, und zu viel Gebrauch läßt den Samen der Vermehrung eintrocknen; wird er aber mit Milch gekocht und eingenommen, so hilft dieses bei heißem oder trockenem Husten. Die Emulsion aus den Samen ist gut bei Gelbsucht, wenn sie zunimmt, denn sie öffnet die Verstopfung der Galle, und bewirkt die Verdauung der Gallenflüssigkeit. Emulsionen oder Dekokte der Samen wirken abführend und verflüssigend, erleichtern Koliken, beschwichtigen die unangenehmen Körpersäfte der Gedärme, stoppen das Bluten in Mund, Nase und anderen Orten. Sie töten die Würmer in Menschen und Tieren; der Saft, ins Ohr geträufelt, tötet die Würmer desselben und vertreibt Ohrwürmer und andere lebende Kreaturen. Das Dekokt der Wurzeln lindert Entzünungen des Kopfes oder anderer Orte. Das Kraut oder das destillierte Wasser tut das-

selbe. Das Dekokt der Wurzel erleichtert die Schmerzen der Gicht, die verhärteten Flüssigkeiten der Knoten in den Gelenken, die Sehnenschmerzen und deren Schrumpfung, und die Schmerzen in der Hüfte. Die frische Wurzel mit etwas Öl oder Butter vermischt ist gut bei Verbrennungen.« (CULPEPER o. D.: 183)

CULPEPER faßt hier die Angaben der antiken Autoren Dioskurides und Plinius zusammen und ergänzt durch selbst angesammeltes Wissen.

In der alchimistischen Tradition werden dem Hanf das Element Wasser, der Planetengott Saturn (CUNNINGHAM 1989: 121) und das Sternzeichen Widder (ZALEWSKI 1990: 127) zugeordnet. Damit gehört er, zusammen mit Alraune *(Mandragora officinarum)*, Bilsenkraut *(Hyoscyamus niger)*, Schlafmohn *(Papaver somniferum)*, Schierling *(Conium maculatum)* und Eisenhut *(Aconitum napellus)* zu den saturnischen Pflanzen, die sich allesamt durch ihre bewußtseinsverändernden, also den Geist transformierenden Wirkungen auszeichnen. Man muß also davon ausgehen, daß den antiken und mittelalterlichen Alchimisten (z. B. Agrippa von Nettesheim) die psychoaktive Wirkung des Hanfes bekannt war. Somit rückt der Hanf als »Elixier« in die Nähe der altchinesischen taoistischen Unsterblichkeitstränke. Da der Hanf die Zeit transzendiert, kann der Alchimist somit Anteil an der Unsterblichkeit erfahren (vgl. METZNER 1989).

Literatur

BRAUNSCHWEIG, Hieronymus
1610 *Ars destillandi oder Destillierkunst...* Straßburg

CULPEPER, Nicholas
o. D. *Culpeper's Complete Herbal.* London: Foulsham

CUNNINGHAM, Scott
1989 *Cunningham's Encyclopedia of Magical Herbs.* St. Paul, Minnesota: Llewellyn

GEBELEIN, Helmut
1991 *Alchemie.* München: Diederichs

LUCK, Georg
1990 *Magie und andere Geheimlehren in der Antike.* Stuttgart: Kröner

METZNER, Ralph
1971 *Maps of Consciousness.* New York: Macmillan
1989 »Molecular Mysticism: the Role of Psychoactive Substances in the Transformation of Consciousness« in C. RÄTSCH (Hg.), *Gateway to Inner Space,* S. 73-88, Bridport, Dorset: Prism Press

REICHEN, Charles-Albert
1964 *Geschichte der Chemie.* Lausanne: Editions Rencontre/Erik Nitsche Intern

ZALEWSKI, C. L.
1990 *Herbs in Magic and Alchemy.* Bridport, Dorset: Prism Press

Hausmittel

Hanf in der Volksmedizin

Im 19. Jahrhundert wurde die Volksmedizin in Deutschland besonders durch den aufkommenden Gebrauch sogenannter Arztbücher geprägt. Solche Bücher lagen in den meisten Haushalten, besonders in den Haushalten der mittleren, gehobenen und höchsten Gesellschaftsschichten. Trat ein Wehwehchen, eine Verbrennung, Erbrechen oder ähnliches auf, so wurde der *Hausarzt* in Buchform befragt. Das entsprechende Rezept wurde dann streng oder frei befolgt. Das einflußreichste Arztbuch jener Zeit war die *Encyklopädie der gesammten Volksmedicin* von Dr. Georg Friedrich Most. Most wurde 1794 geboren, studierte in Göttingen Medizin, wurde schließlich Professor der Medizin in Rostock und verstarb im Jahre 1842. Most war ein Universalgelehrter mit schriftstellerischen Ambitionen. Er hinterließ eine Fülle medizinischer und philosophischer Schriften. Doch war sein Hauptwerk jene *Encyklopädie der Volksmedicin,* die erst ein Jahr nach seinem Tode erschien. Die darin aufgeführten Rezepturen und Verfahren hat er sowohl im deutschen Volkstum aufgespürt, selber entdeckt, von befreundeten Ärzten, aus Reiseberichten und der damaligen medizinischen Literatur übernommen. Mit diesem Buch suchte er bewußt die Nähe zum Volk. 1849 wurde das vielbeachtete Werk unter einem neuen Titel wiederaufgelegt: *Der Hausarzt. Ein vollständiges Handbuch der vorzüglichsten und wirksamsten Haus- und Volksarzneimittel aller Länder. Nach den besten Quellen und nach dreißigjährigen Beobachtungen und Erfahrungen gesammelt und herausgegeben von Georg Friedrich Most.* Mit diesem Titel wurde die Rolle des Buches programmatisch vorbestimmt.

Most widmet dem Hanf als Heil- und Rauschmittel einen überdurchschnittlich breiten Raum. Wie aus seinen Texten hervorgeht, hat er den Hanf vielseitig selbst angewendet:

> »Kleine Kinder im ersten Lebensjahre bekommen nach Erkältung oft Harnverhaltung, wogegen ich als ein sehr wirksames Hausmittel einen Theelöffel voll gestossenem Hanfsamen *(Semen Cannabis)* mit einer halben Obertasse kochenden Wassers übergossen, von einer hiesigen alten Dame habe kennen lernen. Man lässt den Thee warm, mit Zucker versetzt, trinken.« (Most 1843: 244)

Unter dem Eintrag *Hanf* gibt er auch an, wie man sich damit am besten berauscht:

> **Hanf** *(Cannabis,* von *Cannabis sativa L.).* Der Same, so wie die ganze Pflanze werden getrocknet als ein sanftes Mittel gegen schmerzhaftes Harnen, Urinverhaltung bei Säuglingen als Thee mit Nutzen gebraucht (s. oben *Goldruthe*). In Marokko raucht man getrocknete Hanfblätter statt des Tabaks, um sich zu erheitern und hypochondrische Launen zu vertreiben. Auch die Fröhlichkeitspillen der Morgenländer haben Hanf zum Hauptbestandtheil. – Gegen den Keichhusten der Kinder lobt Hufeland das Extract der ganzen Pflanze. Man kann sich dasselbe so bereiten, dass man den Hanf vor der Blüthezeit sammelt, zerstampft, mit etwas Flusswasser begiesst, dann auspresst und den frischen Saft unter gelindem Feuer bis zur Dicke des Extracts abdampft. man gibt Kindern von zwei bis sechs Jahren dreimal täglich zwei bis drei Gran, Erwachsenen sechs bis zehn Gran. Dieses Extract ist auch ein bekanntes, oft gemissbrauchtes Stimulans, welches als solches in folgender Mischung genommen wird:
> Nr. 89. Nimm: Hanf-Extract, zwei Quentchen, Pomeranzenblüthwasser, sechs Unzen, Spanisch Pfeffer-Tinctur, ein halb Loth. Man nimmt davon ein bis zwei Stunden ante actum ein bis zwei Esslöffel voll mit Wein. Das ausgepresste fette Hanföl *(Oleum cannabium)* ist ein altes Mittel gegen Nervenschmerzen, Colik, Magenkrampf, Verhärtung des Uterus, indem man den leidenden Theil damit einreibt.

Der von MOST hier angegebene oder empfohlene Gebrauch als psychoaktives Aphrodisiakum war in Deutschland im 19. Jahrhundert sehr weit verbreitet (AIGREMONT 1986: 24, HOVORKA & KRONFELD 1908/09). Man glaubte damals, dieser Gebrauch sei von den serbischen Zigeunern eingeführt worden. Sie sollten »die Hanfblume gepulvert mit Menstruationsblut vermischt« eingenommen haben (ebd.). Ebenso galt der Hanf als Liebeszauber (KRONFELD 1981: 40). Unter dem Eintrag *Semen cannabis* wird MOST noch deutlicher:

> **Semen Cannabis.** Wir fügen zum Artikel Hanf noch folgendes: Ein sehr wirksames, von mir selbst oft erprobtes Hausmittel gegen spastische Harnverhaltung der Säuglinge (auch Erwachsener) ist ein bis drei Theelöffel voll gequetschter Hanfsamen, mit zwei Tassen kochendem Wasser infundirt und warm getrunken. – Nach Freudenstein (Diss. de cannabis sativae usu et viribus narcoticis. Marpurgi 1841) gibt es ausser Cannabis sativa L. noch eine andere Species: Cannabis indica Lamarck *(sic),* welche narkotischer, als jene wirkt. Als Berauschungsmittel kannten schon die alten Scythen, nach Herodot, den Rauch von Hanfblättern, – in Aegypten bedienen sich die Spitzbuben desselben, um die, welche sie bestehlen wollen, dadurch einzuschlä-

fern, und das Hanfextract lobt Aubert (De la Peste etc. Paris 1840) besonders in der Pest, wo er von zwölf Kranken dadurch sieben genesen sah. Das harzige Hanfextract hat Dr. O'Shaughnessy als ein narkotisches Mittel angewendet, wobei zu bemerken ist, dass in heissern Climaten, als bei uns, aus den Blättern und dem Stamme des Hanfes ein harziger Saft ausschwitzt, welcher einen scharfen, narkotischen Geruch und bittern Geschmack hat. Das Extract wird durch Kochen der getrockneten Pflanze in Spiritus und Abdampfen erhalten, worauf durch Auflösung von drei Gran Extract in eine Drachme Alkohol man auch eine Tinctur bereitet. Das Mittel soll sich besonders bei Tetanus bewährt haben, wo man alle halbe Stunden eine Drachme Tinctur gibt, bis der Krampf nachlässt. (British and Foreign med. Review, July 1840.) Als Berauschungsmittel vertritt der Hanf in vielen Gegenden des Orients die Stelle der Spirituosa, des Weins und Branntweins. – Personen, die ihn als Vergnügungsmittel zu sich nehmen, fühlen eine besondere Heiterkeit, Fröhlichkeit und Munterkeit des Gemüths, ein behagliches Vergessen aller Traurigkeit und jedes Schmerzes; stets lächeln sie milde, wenn auch keine äussere Ursache dazu vorhanden ist, aller Zorn und Hass schweigt und nach einigen Stunden verfallen sie in einen milden und sanften Schlaf, während desselben sie, wie vorher im Wachen die lieblichsten Phantasiebilder ergötzen, – Alles Zeichen des Hanfrausches. Der Angabe des Sonnini zufolge ist diese Störung des Denkvermögens, diese Art von Seelenschlaf auf keinerlei Weise mit dem Rausche vom Weine oder anderer geistiger Getränke zu vergleichen, und unsere Sprache besitzt keinen Ausdruck, um jenes Gefühl anzudeuten. Die Hanftrunkenheit hat noch ferner das Eigene, dass durch sie die Circulation des Blutes nicht beschleunigt, das Athmen nicht schneller vor sich geht, und der Kopf nicht angegriffen wird; wol aber entsteht ein wahrer Hundshunger *(fames canina)*. Uebrigens hat dieser Missbrauch des Hanfes doch auch, wenn er zu lange fortgesetzt wird, Dummheit, Blödsinn und grosse Körperschwäche zur Folge.

Es gibt verschiedene Arten, den Hanf als Berauschungsmittel zuzubereiten. In Indien sind, nach Ainslie, deren drei gebräuchlich. Ein aus den Blättern dargestellter Trank, dessen sich, zumal die Muhamedaner, bedienen, heisst Banghie. Eine andere Zubereitung heisst Majum, zu welcher nebst den Hanfblättern noch Mohnblätter, Blumen des Stechapfels, Krähenaugen, Zucker und Milch verwendet werden. Sehr stark ist eine aus diesen Substanzen bereitete Latwerge, deren sich jedoch nur sehr ausschweifende Leute bedienen. Auch kommen daraus bereitete Pillen vor, welche sanskritische Schriftsteller mit dem Namen Gandschakini bezeichnen. – Besonders beliebt ist der Hanfgebrauch in Persien, wo man den Hanfsamen mit Tabaksblättern gemischt, aus besondern Pfeifen zu rauchen pflegt, welche Nardschihli heissen, oder man bereitet auch einen Trank aus Hanf, Krähenaugen, Kali und Wein, dessen sich aber die rechtgläubigen Muselmänner nicht bedienen; endlich macht man auch ein Infusum aus Hanf und Mohnblättern mit Krähenaugen, welches Bangue, Baeng oder Beng heisst, Benennungen, die auf indischen Ursprung deuten. Nach dem Berichte des Olearius, der 1633 in Persien war, bereitet man daselbst Pillen aus den Blättern und Samen des Hanfes mit Honig, die als Aphrodisiacum dienen. Auch in der Berberei bedient man sich des Hanfpulvers oder raucht die Blätter, um sich aufzumuntern und ad coitum zu stimuliren; aber hier ist in Folge dieses Missbrauchs auch die Impotenz und Sterilität sehr häufig (s. Dublin Journ. März 1841). Merkwürdig! ganz anders spricht Woyt (l. c. p. 156) vom Hanfe. »Der Samen« – sagt er – »mindert die männliche Natur, wird auch wider den Samenfluss (Pollutionen), Schmerzen, Seitenweh, Husten und gelbe Sucht gebraucht.« Ganz richtig! denn Alles, was momentan stimulirt, hat schnelles Unvermögen zur Folge (s. *Hanf*).

Unter dem Eintrag *Fröhlichkeitspillen* findet sich ein hochaktives Rezept:

Fröhlichkeitspillen. Um üble Laune und hypochrondrische Gemüthsverstimmung zu vertreiben, nehmen die Orientalen, welche bekanntlich sich auch gern am Opiumrauchen und Opiumessen ergötzen, ihre Zuflucht zu einer Mischung: *Nepenthe* genannt, bestehend aus dem Pulver der trocknen obersten Blätter und Blüthen des Hanfs, in Verbindung mit Opium, Arecanuss, Gewürzen und Zucker, welche sie in Pillenform verschlucken.

Da die Mostschen Rezepte fleißig befolgt wurden, darf man davon ausgehen, daß breite Bevölkerungsschichten über die Wirkungen des Hanfs aufgeklärt waren. Über die »wunderbaren Wirkungen der orientalischen Fröhlichkeitspillen« haben auch andere, ähnlich einflußreiche Autoren, wie der Arzt Johann Friedrich OSIANDER (1838) geschrieben (vgl. RÄTSCH 1990: 11).

Neben der weitverbreiteten Verwendung von Arztbüchern gab es auch den Brauch, selbst Rezepte für Hausmittel zu sammeln und in Hausbüchern niederzuschreiben. Ein besonders interessantes und vielbeachtetes derartiges Hausbuch stammte von der Frau Rath Schlosser, die zur näheren Verwandtschaft von Goethe gehörte. Sie empfiehlt den Hanf an mehreren Orten. So soll ein Pflaster aus Hanffasern mit Vitriolöl getränkt bei Bissen tollwütiger Tiere auf die Wunde gelegt werden (BERNUS 1982: 20). Die Rose oder Gürtelrose ist eine Krankheit, die schon immer mit Volksmitteln und magischen Praktiken behandelt wurde. Frau Rath Schlosser kannte eine besonders gute Methode:

Gegen die Rose. Man nehme aus 9 Welschen Nüssen das sogenannte Kreuz, mache davon einen Abguß wie Tee und lasse trinken, während man fein gestoßenen Hanf auf die entzündete Stelle legt. (BERNUS 1982: 25)

Encyklopädie

der gesammten

Volksmedicin,

oder

Lexikon

der vorzüglichsten und wirksamsten

Haus- und Volksarzneimittel aller Länder.

Nach den besten Quellen und nach dreissigjährigen, im In- und Auslande selbst gemachten zahlreichen Beobachtungen und Erfahrungen aus dem Volksleben gesammelt und herausgegeben

von

Georg Friedrich Most,

Doctor der Medicin und Philosophie, Magister der freien Künste, akademischem Lehrer, praktischem Arzte, Wundarzte und Geburtshelfer zu Rostock, mehrerer gelehrten Gesellschaften des In- und Auslandes ordentlichem, correspondirendem und Ehrenmitgliede, Inhaber der grossen goldenen Wissenschafts-Verdienst-Medaille Sr. Majestät des Hochseligen Königs Friedrich Wilhelm III. von Preussen.

Die Titelseite des einflußreichsten »Arztbuches« des 19. Jahrhunderts. Der Autor hat volksmedizinisches Wissen mit ärztlichen Verordnungen zusammengeführt und daraus diese Enzyklopädie geschaffen, die wiederum die Volksmedizin maßgeblich prägte.

Gegen Haarausfall hat sie gleich zwei hanfhaltige Rezepte parat:

> **Pomade für den Haarwuchs.** Man nehme Hühnerfett, Hanfsamenöl und Honig, von jedem 4 Unzen, lasse das Ganze in einem Topf zergehen und vermische sie innig bis zur Konsistenz einer Pomade. Acht Tage hintereinander reibe man den Kopf damit ein. (BERNUS 1982: 52)

Und:

> **Mittel, die Haare wachsen und neu wiederkommen zu machen.** Man nehme die Wurzel des weißen Weinstockes, Wurzel vom Hanf und zarte Kohlstrünke, von jedem zwei Handvoll, trockne sie und verbrenne sie dann. Aus der Asche mache man eine Lauge. Vor dem Waschen des Kopfes mit dieser Lauge massiere man ihn mit Honig und tue dies dreimal hintereinander jeden zweiten Tag.« (BERNUS 1982: 57)

Wer weiß, ob der Hanf die Haare wieder zum Wachsen bringt. Aber viele dieser Rezepte haben sich im Volke so lange gehalten, weil sie sich durchaus als wirkungsvoll erwiesen haben.

Literatur

AIGREMONT, Dr.
1986 *Volkserotik und Pflanzenwelt.* Berlin: EXpress Edition (Reprint von 1917)

BERNUS, Alexander von
1982 *Urgroßmutters Hausmittel: Aus dem Hausbuch der Frau Rath Schlosser.* Frankfurt/M.: Insel

HOVORKA, Oskar & Adolf KRONFELD
1908/09 *Vergleichende Volksmedizin.* Stuttgart: Strecker & Schröder

KRONFELD, Moritz
1981 *Donnerwurz und Mäuseaugen.* Berlin: Clemens Zerling (Reprint von 1898)

MOST, Georg Friedrich
1843 *Encyklopädie der gesammten Volksmedicin.* Leipzig: Brockhaus

OSIANDER, Johann Friedrich
1838 *Volksarzneimittel und einfache, nicht pharmaceutische Heilmittel gegen Krankheiten des Menschen.* Tübingen

RÄTSCH, Christian
1990 *Die »Orientalischen Fröhlichkeitspillen« und verwandte psychoaktive Aphrodisiaka.* Berlin: VWB

Dagga
Hanf in Schwarzafrika

Afrika ist der Kontinent, der entweder die wenigsten psychoaktiven Pflanzen hervorgebracht hat, oder dessen Bevölkerung nur wenige entdeckt und kulturell integriert hat. In vielen Gebieten Afrikas werden die Entdeckungen psychoaktiver Zauberpflanzen den Pygmäen zugeschrieben. So sollen sie die psychedelische Ibogawurzel *(Tabernanthe iboga)* genauso entdeckt haben, wie den euphorisierenden Hanf. Die kultisch verspeiste Ibogawurzel ist ein endemisches Gewächs, das nur in den Regenwäldern Westafrikas gedeiht (SCHULTES & HOFMANN 1980: 112). Der Hanf hingegen scheint aus dem Orient seinen Weg über Ostafrika nach Südafrika gefunden zu haben (DU TOIT 1975). Nichtsdetotrotz sind die Pygmäen große Hanfgenießer. Außerdem behaupten sie, daß der Hanfgenuß ihnen die für die aufregende Elefantenjagd notwendigen Kräfte verleiht (DU TOIT 1975: 101).

Der Hanf wird heute in weiten Teilen Afrikas Dagga genannt. Das Wort leitet sich entweder aus einem arabischen Terminus *(duXan)* ab oder stammt von einem Wort *(daXab)* aus der Sprache der Hottentotten. Dabei scheint in der Frühzeit des europäischen Kontaktes (17. Jh.) das Wort *Dagga* (und dessen Abwandlungen) psychoaktive Pflanzen allgemein (z. B. auch *Datura fastuosa*) und *Leonotis leonurus* im besonderen bezeichnet zu haben (DU TOIT 1975: 88, WATT 1961). *Leonotis* ist ein kleines Kraut, das schon vor Einfuhr des Hanfs als Stimulans und Euphorikum überall in Südafrika geraucht wurde (DU TOIT 1980: 58). Heute wird es praktisch kaum noch geraucht, da sich der Hanf, wohl wegen seiner besseren Verträglichkeit, an dessen Stelle gesetzt hat.

Hanf gilt fast überall in Afrika als Aphrodisiakum (DU TOIT 1980). Im Mashonaland heißt es, der Hanf erotisiert und verbessert Arbeitskraft und Leistung (DU TOIT 1975: 98). In Rwanda sagen die Twa, der *injaga* genannte Hanf verleihe große Kraft und Mut, vertreibe Erschöpfung und Rheumatismus (CODERE 1975: 223). Ebenso gilt er als Entspannungsmittel nach vollbrachtem Tagewerk. Auch bei Nervosität wird er zur Entspannung geraucht; bei Nervenzusammenbrüchen sogar therapeutisch eingesetzt (DU TOIT 1980: 208). Gewöhnlich wird der Hanf als Marijuana pur in Wasserpfeifen von abenteuerlichen Ausmaßen geraucht. Manchmal wird der Hanf mit Stechapfelblättern *(Datura stramonium)* vermischt

(Du Toit 1975: 108, Watt 1961). Der Gebrauch von Tabak als Hanfzusatz ist wenig verbreitet. Oft wird der Hanf auch rituell verwendet. Es heißt, daß er den Kontakt zu den Ahnen herstelle, denn schon die Ahnen haben sich an ihm ergötzt. Um die Ahnen herbeizurufen, wird ein Weihrauch aus Hanfblüten und dem süßlich duftenden Harz der immergrünen *impepho*-Pflanze *(Helichrysum miconiaefolium)* geräuchert (Du Toit 1980: 208). Möglicherweise dient der Hanf auch dem Auslösen der schamanischen Ekstase, die in manchen Gebieten Afrikas anzutreffen ist (Chesi 1989: 18). Auch auf den Inseln im Indischen Ozean sind der Hanf und dessen ritueller, magischer und medizinischer Gebrauch verbreitet. Auf Réunion wird er *zamal* genannt und zum Vertreiben schädlicher Geister, sowie gegen Erbrechen verwendet (Benoist 1975: 230).

Auch in Afrika wird der Hanf medizinisch genutzt, obwohl der hedonistische Gebrauch bei vielen Völkern und Stämmen im Vordergrund steht (James 1970, Morley & Bensusian 1971). Früher schätzte man in vielen Teilen Afrikas den Hanf als Heilmittel bei Ruhr, Malaria, Milzbrand und allen Fiebererkrankungen (Schultes & Hofmann 1980: 97). In Rhodesien galt Hanf als Heilmittel vieler schwerer Erkrankungen: Malaria, Schwarzwasser-Fieber, Blutvergiftung, Milzbrand und Durchfall (Du Toit 1980: 58). Überall in Afrika ist Hanfrauch dafür berühmt, bei Asthma nützlich zu sein, Asthmakrämpfe zu entspannen und die merkwürdige Krankheit gänzlich zu heilen (Du Toit 1980: 59, 208). Der medizinische Gebrauch ist besonders in Südafrika verbreitet, hat sich aber auch auf Westafrika ausgedehnt (Chesi 1989: 232). In Westafrika werden Pflanzen vor der medizinischen Verwendung mit Zaubersprüchen oder Gebeten und Beschwörungen besprochen. Erst so erlangt die Pflanze die notwendige Heilkraft (Ayensu 1978, Chesi 1989: 164). Erst das Besprechen macht aus dem weitverbreiteten Genußmittel Hanf das hochwirksame Heilmittel Hanf.

Die Hottentotten und die Mfengu, die beide in Südafrika leben, sind nach wie vor von der Wirksamkeit des Hanfs bei Schlangenbissen überzeugt (Schultes & Hofmann 1980: 97). Jäger führen immer etwas von dem Kraut mit sich, damit sie es bei einem Schlangenbiß sofort applizieren können (Du Toit 1980: 58). Bei südafrikanischen Hirtenvölkern wurde sogar Krebs mit Hanf behandelt. Dazu nahm der Patient ein Gebräu aus den Blättern des Krebsbusches *(Sutherlandia frutescens)* ein und wurde mit den öligen Rückständen, die sich nach langem regelmäßigem Gebrauch in einer Wasserpfeife sammeln, eingerieben (Du Toit 1980: 58). Bei den Zulu werden die Blüten und Harzabsonderungen zum Vergnügen geraucht, während die Stengel und Wurzeln medizinisch verwendet werden. Trünke aus Stengeln und Wurzeln werden als Expektorans bei Erkrankungen der Atemwege getrunken (Du Toit 1980: 133). Die Zulu nehmen den Hanf in Form von Kaltwasserauszügen, Aufgüssen, Dampfbädern und Klistieren zu sich. Außerdem wird das zermahlene Kraut in künstlich beigefügte Schnitte in die

Haut eingerieben, um so auf schmerzende Stellen einwirken zu können. Meist wird Hanf bei Erkältungskrankheiten, Asthma und Tuberkulose eingesetzt. Asthma wird mit einem Kaltwasserauszug behandelt. Die Flüssigkeit muß über zwei Monate täglich teelöffelweise eingenommen werden. Bei trockenem Husten werden Hanfblüten mit anderen kratzigen Kräutern vermischt und als Zigarette geraucht. Der Patient soll so tief inhalieren, bis er sehr stark husten muß. Die Prozedur wird solange wiederholt, bis Schleimabsonderungen aus der Lunge abgehustet werden (Du Toit 1980: 133). Dekokte werden gegen Tuberkulose getrunken, und Blüten werden bei Asthmaanfällen geraucht. Überhaupt heißt es vom Hanf, daß er allgemein die Atemwege reinige (Du Toit 1980: 208).

Der Gebrauch als universelles Schmerzmittel ist überall in Südafrika anzutreffen. Hanf wird – ähnlich wie in Rußland – bei Zahnschmerzen geraucht, bei Kopfschmerzen als Dekokt getrunken. Auch »Herzschmerzen« werden mit einem Sud aus Hanfwurzeln und anderen Heilkräutern behandelt. Hanfextrakte werden bei kleinen chirurgischen Eingriffen als Anästhetikum verwendet, ewa bei dem rituellen Abtrennen von Fingergliedern. Außerdem gilt der Hanf als allgemein kräftigend, krankheitsabwehrend und lebensverlängernd. Viele alte Menschen (80–100 und mehr) berichteten, daß sie durch jahrzehntelangen täglichen Cannabisgenuß so alt geworden seien und durch den Hanf weitgehend von ernsten Krankheiten verschont blieben (Du Toit 1980: 134). Besonders die Bantu glauben, daß der Hanf das Leben verlängert und die körpereigenen Abwehrkräfte steigert. Besonders gut sind Klistiere und Dampfbäder für Erwachsene und Kinder aller Altersstufen. Beim Rauchen soll man nur darauf achten, daß die Blüten immer vollständig von Samen befreit wurden (Du Toit 1980: 134, 208). Bei den Tsongas heißt es sogar, »Dagga vertieft das Wissen und macht den Menschen weiser«; deshalb heißt der Hanf auch »Gras der Erkenntnis« (Du Toit 1980: 209). Man glaubt vom Hanf, daß er ein *njengozifo zonke,* ein »allgemeines Therapeutikum für alle Krankheiten« sei (Du Toit 1980: 210).

Die Sotho-Frauen rauchen reichlich Marijuana während der Niederkunft, um die Schmerzen zu lindern, die Lust am Gebären zu steigern und die Geburt zu erleichtern (Du Toit 1980: 58, Schultes & Hofmann 1980: 97). Überhaupt sollten Frauen oft während der Schwangerschaft Hanf rauchen, damit das Kind gesund und kräftig zur Welt komme (Du Toit 1980: 209).

Die San oder Buschleute kennen eine Reihe von psychoaktiven Pflanzen, z. B. Gaise Noru Noru *(Ferraria glutinosa),* die sie bei ihren nächtlichen Heiltänzen einnehmen, um die gemeinsame Ekstase *(!kia)* zu vertiefen und so eine kollektive Heilkraft *(n/um)* zu erzeugen, die die Kranken des Stammes heilen soll. Oft nehmen sie dazu auch den Hanf, dessen Gebrauch sie seit mindestens 500 Jahren kennen (Katz 1985, Winkelmann & Dobkin de Rios 1989).

Leider werden die meisten traditionellen Anwendungen des Hanfs mit den Rauschmittelgesetzen der afrikanischen Länder unterdrückt. Parallel dazu werden die traditionellen Stammeskulturen unter massiven Assimilationsdruck gestellt. Dem allerdings begegnen viele Menschen mit einer vollgestopften Wasserpfeife.

Literatur

AYENSU, Edward S.
1978 *Medicinal Plants of West Africa*. Algonac, Michigan: Reference Publications

BENOIST, Jean
1975 »Réunion: Cannabis in a Pluricultural and Polyethnic Society« in: V. RUBIN (Hg.), *Cannabis and Culture*, S. 227-234, The Hague: Mouton

CHESI, Gert
1989 *Die Medizin der Schwarzen Götter: Magie und Heilkunst Afrikas*. Wien: Verlag Jugend & Volk

CODERE, Helen
1975 »The Social and Cultural Context of Cannabis Use in Rwanda« in: V. RUBIN (Hg.), *Cannabis and Culture*, S. 217-226, The Hague: Mouton

DU TOIT, Brian M.
1958 »Dagga *(Cannabis sativa)* Smoking in Southern Rhodesia« *The Central African Journal of Medicine* 4: 500-501.
1975 »Dagga: The History and Ethnographic Setting of Cannabis sativa in Southern Africa« in: V. RUBIN (Hg.), *Cannabis and Culture*, S. 81-116, The Hague: Mouton
1980 *Cannabis in Africa*. Rotterdam: A. A. Balkema

JAMES, Theodore
1970 »Dagga: A Review of Fact and Fancy« *South African Medical Journal* 44: 575-580

KATZ, Richard
1985 *Num – Heilen in Ekstase*. Interlaken: Ansata

MORLEY, J. E. & A. D. BENSUSAN
1971 »Dagga: Tribal Uses and Customs« *Medical Proceedings* 17: 409-412

SCHULTES, Richard E. & Albert HOFMANN
1980 *Pflanzen der Götter*. Bern: Hallwag

WATT, J. M.
1961 »Dagga in South Africa« *Bulletin on Narcotics* 13: 9-14

WINKELMAN, Michael & Marlene DOBKIN DE RIOS
1989 »Psychoactive Properties of !Klung Bushmen Medicine Plants« *Journal of Psychoactive Drugs* 21(1): 51-59

Kif

Hanf in Nordafrika

Haschisch ist in Nordafrika seit der Antike bekannt. »Neulich wurde etwas Haschisch in einem luftdichten Behälter im Wrack eines karthagischen Kriegsschiffes geborgen, das im 2. Punischen Krieg (218–201 v. Chr.) vor der Küste Siziliens gesunken sein soll. Es wurde als immer noch potent bezeichnet.« (STAFFORD 1980: 9) Das Schiff kam aus Karthago, einer phönikischen Handelsniederlassung auf der Halbinsel nahe des heutigen Tunis. Die Karthager waren wie alle Phönizier seefahrende Handelsleute, die im Grunde den gesamten östlichen und zentralen Mittelmeerraum beherrschten. Da erfolgreicher Handel immer kriegerische Auseinandersetzungen zur anscheinend notwendigen Folge hat, wurden die Karthager mit den Römern in die Punischen Kriege verwickelt. Sicherlich haben die Karthager dazu beigetragen, daß sich die verschiedenen Hanfprodukte in Südeuropa und Nordafrika verbreiteten.

Die frühe Geschichte des Hanfes in Nordafrika ist relativ schlecht erforscht und nur sehr bruchstückhaft überliefert. In Ägypten ist der Haschischgenuß seit dem 13. Jh. weit verbreitet. In Äthiopien wurden nahe des Tana Sees in der Lalibela Höhle, Begemeder Provinz, zwei Wasserpfeifen aus Keramik gefunden, in denen cannabinoidhaltige Rückstände mit chromatographischen Methoden nachgewiesen werden konnten. Die Pfeifen wurden mit Hilfe der C14-Methode auf 1320±80 n. Chr. datiert (VAN DER MERWE 1975).

Im Rif-Gebirge, dem heutigen Hauptanbaugebiet für Hanf, ist der Hanf erstmals für das 19. Jh. schriftlich belegt. Seither ist dort das Kiffen weit verbreitet. Fast alle Rif-Bewohner, die zu verschiedenen Berberstämmen gehören, sprechen dem Kraut zu. Sie nennen die Pflanze sowie das berauschende Produkt Kif. Die marokkanische Regierung erlaubt den Anbau und einheimischen Gebrauch, verbietet aber, jedenfalls auf dem Papier, den Handel. Selbstverständlich wird auch der Handel toleriert. Denn auch die marokkanischen Polizisten, die Hüter von Recht und Ordnung, sind traditionell Kiffer. In Marokko wird das Kiffen nicht als Vergehen gegen den Islam gesehen, sondern traditionell mit dem Glauben assoziiert. Alkohol ist hingegen verboten (JOSEPH 1975, MIKURIYA 1967). Im 19. Jh. – als noch der Hanfhandel erlaubt war –, deckte das Anbaugebiet um Ketama im Rifgebirge 90% des Bedarfs der französischen Apotheken (BEHR 1982: 81).

Früher wurden Hanfblätter und -blüten meist in der Form von Marmelade oder Sirup gegessen. Heute hat sich das Rauchen in langen Pfeifen *(sibsa)* durchgesetzt. Das im Rif hergestellte Kif ist nicht mit dem bei uns so gut bekannten »Marokkaner«, dem grünen Haschisch, zu verwechseln. Kif ist meist eine Mischung von den fein gehackten weiblichen Blüten und Blättern mit unfermentiertem Tabak im Verhältnis 2:1 (JOSEPH 1975: 187). Die Marokkaner – ob Araber oder Berber – rauchen Kif meist pur, manchmal mit kommerziellem Tabak (Zigarettentabak) vermischt, gelegentlich mit zermahlenen Samen vom Schlafmohn *(Papaver somniferum).* Sie glauben, daß die Mohnsamen die Wirkung des Kif verstärken (MRABET 1977: 79). Kif mit den Samen der Steppenraute *(Peganum harmala)* vermischt, soll die Phantasie stark anregen.

Kif gilt als Entspannungs- und Enthemmungsmittel. Marokkaner verbieten ihren Frauen normalerweise den Hanfgenuß mit der Begründung, daß sie unter Hanfeinfluß jede Scham vergessend zu ehebrecherischen Nymphomaninnen pervertieren würden (PALGI 1975: 210f.). Die Männer hingegen erlauben sich den ständigen Genuß des Aphrodisiakums. Kif wird oft als Mittel gegen Depressionen und Angstzustände geraucht (JOSEPH 1975: 190). Manche Berber benutzen Kif gelegentlich, um transzendentale Erlebnisse zu provozieren oder zu verstärken.

Kif ist ein fester Bestandteil im Angebot eines jeden *attar,* des marokkanischen Kräuterhändlers (BOULOS 1983, VRIES 1984). Medizinisch wird es häufig mit Opium, Honig und Fett vermischt verwendet. Auch wird es mit Stechapfelsamen und anderen Nachtschattengewächsen kombiniert (VRIES 1989). Es gibt zahlreiche *majun*-Rezepte (Spezereien), die Kif enthalten. Der medizinische Gebrauch ist aber bei weitem nicht so bedeutend wie der tägliche Genuß zur Entspannung und Stimmungsverbesserung.

Literatur

BEHR, Hans-Georg
1981 *Von Hanf ist die Rede.* Basel: Sphinx

BOULOS, Loutfy
1983 *Medicinal Plants of North Africa.* Algonac, Michigan: Reference Publications

JOSEPH, Roger
1975 »The Economic Significance of Cannabis sativa in the Moroccan Rif« in: V. RUBIN (Hg.), *Cannabis and Culture,* S. 185-193, The Hague: Mouton

MIKURIYA, Tod H.
1967 »Kif Cultivation in the Rif Mountains« *Economic Botany* 21(3): 231-234

MRABET, Mohammed
1977 »Marokkanische Haschischgeschichten«, *Der Grüne Zweig 49,* Löhrbach (1987 u. d. Titel *»M'Haschisch«* im Maro Vlg. neu erschienen)

PALGI, Phyllis
1975 »The Traditional Role and Symbolism of Hashish among Moraccan Jews in Israel and the Effect of Acculturation« in: V. RUBIN (Hg.), *Cannabis and Culture*, S. 207-216, The Hague: Mouton

STAFFORD, Peter
1980 *Cannabis: Haschisch & Marihuana*. Linden: Volksverlag

VAN DER MERWE, Nikolaas
1975 »Cannabis Smoking in 13th–14th Century Ethiopia: Chemical Evidence« in: V. RUBIN (Hg.), *Cannabis and Culture*, S. 77-80, The Hague: Mouton

VRIES, Herman de
1984 *Natural relations I – die marokkanische sammlung*. Stuttgart: Galerie Mueller-Roth
1989 *Natural relations – eine skizze*. Nürnberg: Verlag für moderne Kunst

Ganja

Hanf und Rastafaria

Legalize Marijuana
Down here in sweet Jamaika
It's the only cure for glaucoma
I need a bush doctor, yeah
It's the only cure for asthma, yeah

Peter Tosh, »Bush Doctor« (1978)

»Und Gott sprach: Es lasse die Erde aufgehen Gras und Kraut, das sich besame, und fruchtbare Bäume, da ein jeglicher nach seiner Art Frucht trage und habe seinen eigenen Samen bei sich selbst auf Erden. Und so geschah es.« (1. Mose 1, Vers 11) – Ja, so geschah es: Gott – liebevoll Jah genannt – hat den Menschen *de hola herb,* »das heilige Kraut«, erschaffen und geschenkt. Das heilige Kraut ist nichts anderes als der Hanf oder *Cannabis indica.*

»Mitten auf ihrer Gasse auf beiden Seiten des Stroms stand Holz des Lebens, das trug zwölfmal Früchte und brachte seine Früchte alle Monate; und die Blätter des Holzes dienten zur Gesundheit der Völker.« (Offenbarung 22, Vers 2) – Ja, so geschah es, daß Gott den Menschen das Heilkraut, *de hola herb,* den Menschen gab, damit sie gesund würden. Die Rastas sagen: *Healing of the nations!* (»Das Heil der Nationen«).*

Die Rastas, Nachfahren der aus Afrika verschleppten Sklaven, bilden auf der malerischen Karibikinsel Jamaica eine messianistische Glaubensgemeinschaft, die Rastafari oder Rastafaria. In dieser um 1930 entstandenen kultischen Bewegung – übrigens nicht die erste ihrer Art (SCHULER 1980) – wird Haile Selassie I. von Äthiopien als der Gottkönig Ras Tafari, der »Kopf ohne Furcht«, verehrt. Von ihm erhoffen sich die Rastas die Befreiung von »Babylon«, der Kultur der weißen und schwarzen Unterdrücker. Er soll den Rastas auch die friedvolle Rückkehr nach Afrika, ihrem eigentlichen Heimatland, ermöglichen. Haile Selassie gilt als der wiedergekehrte Christus und soll der 225. Nachkomme aus direkter Linie von der bezaubernden Königin von Saba und dem weisen König

* So nach der Bibelausdeutung der Rastas; die Erwähnung des Hanfs in der Bibel ist nach wie vor aus theologisch-akademischer Sicht umstritten; siehe MOLDENKE & MOLDENKE 1986: 131 und vgl. RÄTSCH 1991.

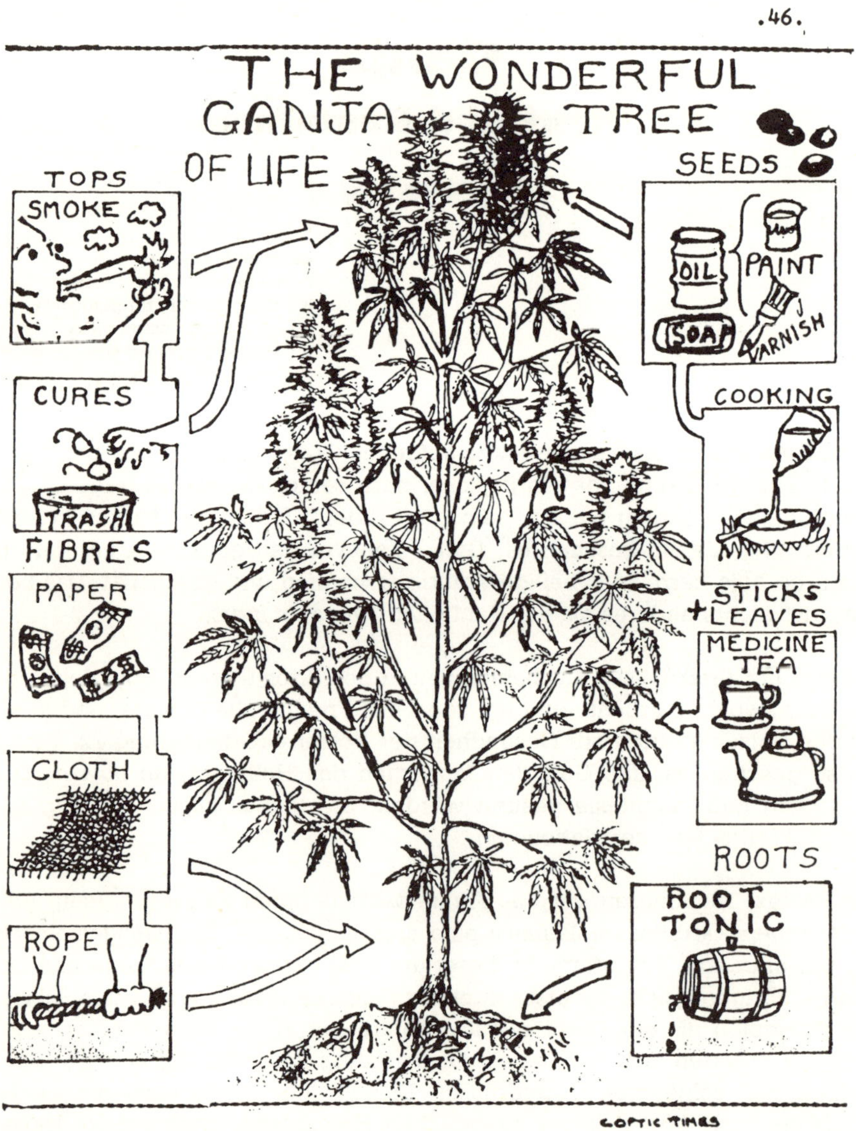

»Der wundervolle Hanfbaum des Lebens«, dargestellt in seiner multiplen Verwendungsmöglichkeit *(Illustration aus der Rastafari-Zeitung »Coptic Times«).*

Salomon sein. Die Rasta-Tradition, Hanf zu Ehren Gottes zu rauchen, beginnt schon bei dem Stammvater des Gottkönigs.

Das Kraut sei zuerst auf dem Grab des Salomon, des »Weisesten aller Weisen« gewachsen, und gilt deshalb als »Kraut der Weisheit« (BARRETT 1988: 129). Die Rasta nennen ihr heiliges Kraut meist nur *herb*, bessere Qualitäten auch *kali, callie oder cally*, die beste Qualität *sensi* (von *sinsimilla*). Wird auf den medizinischen Nutzen hingewiesen, spricht man von *weed* (GEBRE-SELASSIE 1989: 155). *Ganja*, das ursprünglich indische Wort, wird von ihnen neu ethymologisiert: *gann-Jah*. *Jah* ist eine jamaikanische Adaptation von Jehovah, dem rächenden Gott des alten Testaments. Die bibelfesten Rastas finden im 18. Psalm, Vers 9 den Beweis, daß Gott ein Kiffer war: »Dampf ging auf von seiner Nase und verzehrend Feuer von seinem Munde.«

Ganja kann als Joint *(spliff)*, im Chillum oder in einer Pfeife geraucht werden. Die Rastas nennen die Pfeife, in der sie das heilige Kraut rauchen, *chalice*, »Kelch«, und sehen darin den heiligen Gral, der auch ein Kelch ist.

Ein Rasta-Führer faßt die kulturelle Bedeutung des Hanfes zusammen: »Wir benutzen dieses Kraut als Medizin und für spirituelle Erfahrungen. Es hilft uns, Krankheit, Leiden und Tod zu überwinden... Wir benutzen unser Kraut in unserer Kirche – als Weihrauch für Gott, so wie die Römisch-Katholischen Weihrauch in ihrer Kirche benutzen. Wir verbrennen unseren Weihrauch, um unseren Gott durch spirituelle Erfahrung zu verehren... Es gibt uns spirituellen Trost, wir preisen Gott in Frieden und Liebe, ohne Gewalt... Wenn wir deprimiert sind, wenn wir hungrig sind, rauchen wir unser kleines Kraut und wir meditieren über unseren Gott. Das Kraut ist für uns ein wahrer Trost.« (zit. in KITZINGER 1971: 581)

In der Rastafari-Gemeinde hat der erste Rausch, ausgelöst durch Ganja-Rauchen, den Charakter einer Einweihung. Der junge Raucher soll eine Vision empfangen, die ihn als vollwertiges Mitglied der Rasta-Gemeinde auszeichnet und ihm den Weg durch sein Leben offenbart (RUBIN 1975, RUBIN & COMITAS 1976). »Ganja ist die am stärksten geteilte Erfahrung unter den Brüdern« (GEBRE-SELASSIE 1989: 156). Die Rastas lehnen übrigens Alkohol ab. Er darf nur als Lösungsmittel für Ganja und in Tonika konsumiert werden. Der Alkoholrausch gilt als verwerflich, schädlich, aggressionsfördernd und asozial. In der Tat haben Rastagemeinden keine für die Karibik so typischen Alkoholismus-Probleme (BEAUBRUN 1975). Die Rastas sehen im Ganja ein Mittel, das ihnen Kraft und Ausdauer bei der täglichen, oft schweren Arbeit gibt, ja, sie überhaupt dazu motiviert (COMITAS 1975, DREHER 1982). Ganja stimuliert ihren Appetit und gilt als »Instant«-Aphrodisiakum (RUBIN 1975: 265).

Hanf spielt auch im Speiseplan der Rastas, der nach festen gesundheitlichen Regeln zusammengestellt wird, eine wichtige Rolle. Die harzigen Blüten dienen als Gewürz für Eintopfgerichte und Kochbananen, aus den Stengeln und Blättern wird ein Kräuter-Tee aufgegossen und die grünen Blätter werden zu einem Sud verkocht, der als Grundlage für geschmortes Gemüse (die meisten Rastas sind Vegetarier) dient. Die frischen Blätter werden wie Spinat gekocht; sie sollen besonders für Kinder sehr gesund sein (KITZINGER 1971: 581). Vielleicht ist hier das Geheimnis von Popeye's Wunderspinat zu suchen...

Die Rasta-Medizin hat ihre Wurzeln in der Volksmedizin West- und Zentralafrikas, wurde aber auch von der ayurvedischen Medizin beeinflußt. Der Hanf, den zuerst die Inder auf Jamaika angebaut haben, wurde schon von den Volksheilern *(bush doctor)* vor der Rastafaria-Bewegung medizinisch genutzt (BARRETT 1988. 129). Unter Rastas hat das heilige Kraut den Status eines Allheilmittels erreicht. Ganja wurde so zum Heiligtum, das den lebensspendenden Gral zum leuchten bringt. Wenn man genug Ganja zu sich nimmt, entweder geraucht, als Tee oder als Tonikum getrunken, bleibt man stets gesund. Der Rasta-Prophet Emanuel sagt: »Ganja ist vielmehr dazu da, die spirituelle, geistige und physische Gesundheit zu fördern« (GEBRE-SELASSIE 1989: 158). Darum sagen die Rastas, »daß die Ärzte, die mit der Behandlung von Kranken Geld machen, deshalb gegen die Legalisierung des Genja sind, weil sie Angst haben, sie müßten im Falle einer Legalisierung aus Mangel an Patienten die Praxis schließen.« (GEBRE-SELASSIE 1989: 158) Deswegen wird von den musikalischen Rastas lautstark die Legalisierung des »International Herbs« gefordert.

Die Musik der Rastas, ob Niyabinghi-Trommeln, kalypsoartiges Mento, schwungvoller Blue Beat, poppiger Ska, rockiger Rock Steady, stampfender Reggae, tekkno-harter Psychedelic Dub, computergesteuerter Dancefloor Ragga oder baßlastiger Raggamuffin, ist zugleich wichtigstes künstlerisches Medium um das Rastafaria-Gefühl auszudrücken, als auch wesentliches Kommunikationsmittel. In dem zur Volksmusik gewordenen Reggae werden die Kenntnisse der Volksmedizin verarbeitet. In vielen Reggae-Texten werden die medizinischen Qualitäten und Anwendungen des Heiligen Krautes besungen. Ähnlich wie dereinst Hildegard von Bingen schrieb, daß der Hanf für denjenigen gut sei, der einen gesunden Kopf hat, sieht es die Reggae-Band Inner Circle; in ihrem Song *Mary Mary* heißt es:

> *Smokin', smokin' smokin is good for de brain...*

Der Raggamuffin-Vertreter Macka B sagt:

> *If you smoke some good sinsimilla the inspiration just come!*

Und mahnt:

Don't drink too much... Legalize Marijuana!

Auch der Ragga Dancehall-Experte Dr. Alban warnt rappend:

Cocaine will blow your brain, Ecstasy will mash you life...

Peter Tosh fordert die Legalisierung des Heilkrautes, denn

es ist gut gegen Grippe
es ist gut gegen Asthma
gut gegen Tuberkulose
sogar gegen umara composis

Ganja gilt in der Rasta-Medizin nicht nur als Allheilmittel, erfolgreiches Mittel zur Entspannung und belebendes Tonikum, sondern auch als Schmerzmittel und wird auf Jamaika genauso benutzt wie bei uns oder in den USA das Aspirin (KITZINGER 1971: 581). Die zionistische-koptische Kirche Äthiopiens bestärkt hierin die jamaikanischen Rastas und erklärt, »daß das Herb durchaus für seinen Gebrauch als Asthma-Heilmittel, als Heilmittel gegen den grünen Star und Gelenkentzündungen angebaut werden darf; ferner zur Unterstützung der Behandlung von Krebs, wie auch für den wirtschaftlichen Gebrauch in der Kleidungsindustrie und für die Papiergewinnung, z. B. die Herstellung von Bibeln.« (GEBRE-SELASSIE 1989: 161) Hanf ist sicherlich das wichtigste Heilmittel in der Rasta-Medizin. Salben, die aus den zerstampften Blättern und Fett hergestellt werden, dienen als äußerlich aufzutragende Schmerzmittel (COMITAS 1975: 121). Ein Breiumschlag wird zur Behandlung offener Wunden und innerer Schmerzen verwendet. Manchmal werden Neugeborene mit einem Hanfbrei abgerieben (COMITAS 1975: 125). Hanf-Tee wird gerne prophylaktisch, aber auch therapeutisch bei praktisch allen Leiden getrunken. Oft werden Hanf-Zubereitungen aus prophylaktischen Gründen eingenommen. Der häufige Gebrauch schützt nicht nur vor Krankheiten, sondern gibt Mut und Stärke, vertieft die spirituelle Inspiration und verbessert die Sicht.

Inzwischen werden die Rasta-Weisheiten auch von universitären Kreisen in Jamaika ernst genommen. Die renommierte deutsche Zeitschrift GEO (Ausgabe 11/1991, S. 206) hat erst kürzlich von der Forschungsarbeit zweier Wissenschaftler (ein Pharmakologe und ein Augenarzt) an der Faculty of Medical Sciences der University of the West Indies in Kingston berichtet. Die jamaikanischen Wissenschaftler haben die Behauptung der Fischer, durch reichlichen Ganja-Genuß bei Nacht besser sehen und ihre Boote lenken zu können, untersucht und bestätigt. Die Fischer trinken eine Stunde vor dem Auslaufen der Boote einen Hanfextrakt in Rum. Die beiden Wissenschaftler Dr. M. E. West und Dr. Albert Lockhart konnten feststellen, daß der Alkohol aus dem Ganja den Wirkstoff Canasol herauslöst. Weiterhin konnte nachgewiesen werden, daß Canasol den Augeninnendruck senkt. Inzwischen werden viele Jamaikaner, die an Glaukom (Grüner Star), also an zu hohem Augeninnendruck leiden, von offizieller Seite mit alkoholischen Hanfextrakten behandelt. Dr. Lockhard hat zudem festgestellt, daß Rastas signifikant viel weniger Glaukome als andere Menschen ausbilden (WEST 1991). Somit scheint das Heilige Kraut vor dieser Art der Erblindung prophylaktisch zu schützen.

Rezepte

Für medizinische Zwecke, z. B. bei Grippe oder Asthma, wird Hanf meist geraucht (entweder als Joint oder in einer Pfeife). Dazu werden die weiblichen Blüten pur oder mit Tabak vermischt benutzt. Doch gibt es auch andere Zubereitungen:

TONIC I

Es werden 4–5 frische Hanfblüten *(Ganja)* mit einem Liter weißem Rum (Zuckerrohrschnaps) oder mit Wein angesetzt. Nach etwa einer Woche ist das »Tonikum« fertig. Es kann noch mit Honig versüßt werden. Ein Glas täglich soll allgemein die Gesundheit verbessern und die Stimmung heben.

TONIC II

Die frischen Wurzeln werden gereinigt, zerschnitten und mit weißem Rum bedeckt. Nach drei bis vier Wochen ist das Tonikum trinkbereit.

NIGHT VISION DRINK

Die frischen Blätter und Stengel werden für einige Tage in (weißen) Rum eingelegt. Je mehr desto besser, damit möglichst eine gesättigte Lösung entsteht. Um die Nachtsicht zu verbessern, ca. 1 Stunde vor Sonnenuntergang trinken. Die Dosis ist sehr stark individuell abhängig.

GANJA TEA

Blätter und Stengel werden ausgekocht. Abgießen und mit Milch und Honig oder Zucker abschmecken. Die Dosis ist individuell sehr unterschiedlich.

Auswahl-Discographie

Die Musik spielt in der Rastafari-Bewegung eine essentielle Rolle. Die Texte sind Botschaften von Sorgen, Nöten, Werten, Überzeugungen und Anschauungen. Sie sind der wichtigste kulturelle Ausdruck der Rastas. Da der Hanf der Lebensbaum der Rastafari ist, wird er in zahlreichen Liedern besungen (vgl. RÄTSCH 1986). Oft werden medizinische Wirkungen und Verwendungen aus der Sicht der volkstümlichen Rasta-Medizin beschrieben. In dieser Auswahl-Discographie sind die wichtigsten Alben, die dem Verständnis der Rasta-Ganja-Medizin dienen, aufgelistet.

Culture, *International Herb*, Shanachie Records, 1990

Dillinger, *Cocaine*, Charly Records, 1986

Dub Syndicate, *Stoned Immaculate*, On-U Sound Records, 1991

Grounation, *The Mystic Revelation of Rastafari*, VP Records, ohne Datum

The Inner Circle, *Everything is Great*, Island Records, 1979

Jamaican Ritual Music, Lyrichord Records, ohne Datum

The Jolly Boys, *Joy Bells (The Roots of Reggae)*, Lyrichord Records, ohne Datum

Macka B, *Looks Are Deceiving*, Ras Records, 1990

Mad Professor, *Psychedelic Dub*, Ariwa Records, 1982

Rastafari Elders, Ras Records, 1990

Peter Tosh, *Legalize It*, Virgin/CBS 1976
–, *Bush Doctor*, Rolling Stones Record/EMI Electrola, 1978

Literatur

BARRETT, Leonard E.
1988 *The Rastafarians: Sounds of Cultural Dissonance*. Boston: Beacob Press

BEAUBRUN, Michael H.
1975 »Cannabis or Alcohol: the Jamaican Experience« in: Vera RUBIN (Hg.), *Cannabis and Culture*, S. 485-494, The Hague: Mouton

BENDER, Wolfgang (Hg.)
1984 *Rastafari-Kunst aus Jamaika*. Bremen: Edition CON

BILBY, Kenneth
1986 »Vom Kongo bis zur Karibik« in: G. HAYSON & D. MARKS (Hg.), *Schwarze Rhythmen*, S. 199-236, München: Knaur

COMITAS, Lambros
1975 »The Social Nexus of Ganja in Jamaica« in: Vera RUBIN (Hg.), *Cannabis and Culture*, S. 119-132, The Hague: Mouton

DREHER, Melanie C.
1982 *Working Man and Ganja: Marihuana Use in Rural Jamaica*. Philadelphia: ISHI

GEBRE-SALASSIE, Girma
1989 *Babylon muß fallen: Die Rasta-Bewegung in Jamaika.* Ohne Ort: Raymond Martin Verlag

KITZINGER, Sheila
1971 »The Ratafarian Brethren of Jamaica« in: Michael M. HOROWITZ (Hg.), *Peoples and Cultures of the Caribbean*, S. 580-588, Garden City, New York: The Natural History Press

MOLDENKE, Harold N. & Alma L. MOLDENKE
19865 *Plants of the Bible.* New York: Dover

RÄTSCH, Christian
1986 »Musique fantastique« in S. HÖHLE et. al. (Hg.), *Rausch und Erkenntnis*, S. 307-325, München: Knaur
1991 »De Hola Herb – Vom Hanf in der Bibel« in: Roland RANKE-RIPPCHEN, *Das Böse Bibel Buch*, S. 101-103, Löhrbach: Werner Piepers Medienexperimente *(Der Grüne Zweig 145)*

RUBIN, Vera
1975 »The ›Ganja Vision‹ in Jamaica« in: Vera RUBIN (Hg.), *Cannabis and Culture*, S. 257-266, The Hague: Mouton

RUBIN, Vera & Lambros COMITAS
1976 *Ganja in Jamaica: The Effects of Marijuana Use.* Garden City, New York: Anchor Press/Doubleday

SCHULER, Monica
1980 »Myalism and the African Religious Tradition in Jamaica« in: M. E. CRAHAN & F. W. KNIGHT (Hg.), *Africa and the Caribbean*, S. 65-79, Baltimore, London: The Johns Hopkins University Press

WEST, M. E.
1991 »Cannabis and Night Vision« *Nature* 351 (27.6.91): 703-704

Kinnickinik

Hanf bei den Indianern

Der sogenannte Indianische Hanf *(Apocynum cannabinum)* ist eine einheimische nordamerikanische Pflanze, die den Indianern als Faserlieferant und Heilpflanze diente. Der Indianische Hanf wurde in der frühen Literatur oft mit dem Echten Hanf, unserem *Cannabis*, verwechselt (VOGEL 1970: 319). Der Hanf *(Cannabis)* gelangte erst mit den Europäern in die Neue Welt. Er war schon im 16. Jahrhundert an der Ostküste Nordamerikas weit verbreitet (SCHULTES & HOFMANN 1980: 99). Der in Nordamerika eingeführte und kultivierte Hanf entwikkelte sich über die letzten vier Jahrhunderte zu einer sehr hoch wachsenden, gute Fasern und einer starkes Marijuana produzierenden Variante, die in der botanischen und pharmakologischen Literatur meist *Cannabis americana* oder *Cannabis sativa* var. *americana* bezeichnet wird (MILLSPAUGH 1974: 615-617).

So wie die frühen Siedler von den einheimischen Indianern sehr viel lernten, so prüften auch die Indianer die von den Europäern mitgebrachten oder ungewollt eingeschleppten Pflanzen. Viele ursprünglich europäischen Pflanzen wurden bald schon von Medizinleuten und Schamanen auf ihre medizinische oder andere Brauchbarkeit hin untersucht. Dabei gingen die Indianer nach empirischen Kriterien vor. Waren ihre Erfahrungen mit der betreffenden Pflanze gut und wünschenswert, so gliederten sie deren Gebrauch in ihre Kultur ein. Erstaunlicherweise erkannten die Indianer in den europäischen Pflanzen jene Kräfte, die auch von der modernen Pharmakologie bestätigt werden (RÄTSCH 1991: 53-54).

Das Rauchen von Kräutern ist eine indianische Erfindung (SCHROETER 1989). Es gibt sehr viele Kräuter, die in den Friedenspfeifen der verschiedenen Stämme zum Glosen gebracht wurden. In vielen Indianersprachen Nordamerikas werden rauchbare Kräuter oder Kräutermischungen *Kinnickinik* genannt. In den Sprachen der östlichen Waldlandvölker galt dieses Wort den getrockneten Blättern der Bärentraube *(Arcostaphylos uva-ursi).* Fast alle indianischen »Tabaksmischungen« enthalten Bärentraubenblätter als Basis (EMBODEN 1976: 161).

Die Irokesen verwenden traditionell verschiedene psychoaktive Kräuter in ihren »Tabaksmischungen«: stimulierendes Lobelienkraut *(Lobelia inflata),* halluzinogene Stechapfelblätter *(Datura stramonium)* (RUTSCH 1973: 31-33), und natürlich den narkotischen Bauerntabak *(Nicotiana rustica)*.

Die Irokesen haben den Namen »Marijuana« für *Cannabis sativa* übernommen. sie sehen im Hanf ein stimulierendes Mittel und eine psychologische Hilfe. Hanf wird eingesetzt, wenn ein Kranker schon gesund ist aber nicht glaubt, daß er wieder hergestellt ist. Es heißt: »Diese Pflanze wird dich wieder auf Trab bringen.« (MOERMAN 1986 I: 99)

Heutzutage ist in den Präriestaaten das Marijuanarauchen unter den Lakota und anderen Stämmen weit verbreitet. Viele junge Indianer haben erkannt, daß ihnen das Kraut weitaus besser bekommt als das verheerende Feuerwasser. Es wird in erster Linie als Genußmittel und zum Vertiefen des sozialen Kontaktes geraucht. Die Wirkung des Hanfes paßt ausgezeichnet zum Konzept der Friedenspfeife. Wer miteinander raucht, schließt Frieden. Es wird auch immer wieder behauptet oder spekuliert, daß die großen Visionäre der Dakota, etwa Sitting Bull und Black Elk, Hanf in ihre heiligen Pfeifen gestopft haben, um die Intensität ihrer Visionen zu erhöhen (ANDREWS & VINKENOOG 1968: 47-64). Mir wurde aber mehrfach erzählt, daß Hanf auf keinen Fall zum Sonnentanz, der wichtigsten Zeremonie im Leben der Präriestämme, geraucht werden dürfe. Der Hanfgenuß beeinflusse die zeremonielle Reinheit, die für die Selbstmarterung erforderlich ist, und mache den Sonnentänzer, der sich vier Jahre auf den Tanz vorbereitet hat, wankelmütig.

Manche Heiler der Dakota, die *pejuta wicasa*, »Männer der Kräuter«, setzen den Hanf als Heilmittel ein. Dazu wird er meist als Marijuana mit anderen Kräutern vermischt bei Asthma und Bronchitis geraucht.

Auch in Mittelamerika hat Hanf Einzug in verschiedene Indianerkulturen gefunden (HEFFERN 1974: 131). Die auf den zu Panama gehörenden San Blas-Inseln lebenden Cuna-Indianer verehren den Hanf als heilige Pflanze. Er wird bei Ratsversammlungen gemeinschaftlich aus Pfeifen geraucht (SCHULTES & HOFMANN 1980: 99). Die mit den Huichol verwandten Cora-Indianer in der mexikanischen Sierra Madre Occidental rauchen Hanf bei ihren heiligsten Zeremonien und gemeinsamen Ritualen (ebd.). Bei den benachbarten Tepehuan-Indianern, die sich auf die vorspanischen Totonaken zurückführen lassen, hat der Hanf den Status einer wahren »Pflanze der Götter« eingenommen. Die Hanfblüten werden *santa rosa*, »Heilige Rose«, genannt, und in synkretistischen Ritualen, die vorspanisch-indianische und kolonialzeitlich-katholische Elemente miteinander verbinden, gemeinschaftlich eingenommen, um mystische Visionen der göttlichen Erdmutter zu empfangen. Dabei kommt es oft zum »Sprechen in Zungen«. Die unter dem Hanfeinfluß gesprochenen Worte haben divinatorischen Charakter und zeigen den Indianern den rechten Weg des Lebens (EMBODEN 1972: 229-232, WILLIAMS-GARCIA 1975). Die Tepehuan verehren den Hanf als etwas sehr Kostbares. Sie benutzen ihn nur rituell und warnen vor dem außerzeremoniellen Mißbrauch (HEFFERN 1974: 131).

Die mit den Maya verwandten Lakandonen haben den Hanf erst vor wenigen Jahren kennengelernt. Sie nennen ihn *huntul kuts,* »ein anderer Tabak«. Sie gebrauchen den Hanf aber fast ausschließlich als Heilmittel; meist in der Form eines alkoholischen Extraktes zur Behandlung von Zerrungen, Muskelschmerzen und rheumatischen Beschwerden (RÄTSCH o. D.).

Nach Südamerika gelangte der Hanf mit Sklaven, die aus Angola verschleppt wurden (PARTRIDGE 1975: 148f.). Das rituelle Rauchen von Tabak war unter südamerikanischen Indianern sehr weit verbreitet. Manche Stämme, wie etwa die Tenetehara, die im heutigen Brasilien leben, haben das Hanfrauchen übernommen. Möglicherweise wurde in Amazonien von Schamanen auch Hanfpulver zeremoniell geschnupft (SMET 1985: 80).

Rezepte

Die folgenden Rezepte stammen von verschiedenen Heilern aus South Dakota:

RAUCHMISCHUNG #1

je 1 Teil
Bärentraubenblätter *(Arcostaphylos uva-ursi)*
Salbeiblätter *(Salvia spp.)*
Hanfblüten *(Cannabis)*

RAUSCHMISCHUNG #2

je 1 Teil
Rote Weidenrinde *(Cornus amomum)*
Sweetgrass *(Hierochloe odorata)*
Sage *(Artemisia sp.)*
Hanfkraut *(Cannabis)*

RAUCHMISCHUNG #3

je 1 Teil
Sage *(Artemisia sp.)*
Stechapfel *(Datura inoxia/stramonium)*
Hanfblüten *(Cannabis)*

Diese Rauchmischungen werden von manchen Medizinmännern besonders bei Asthma, Bronchitis und anderen Erkrankungen der Atemwege empfohlen.

Literatur

ANDREWS, George & Simon VINKENOOG (Hg.)
1968 *The Book of Grass.* New York: Grove Press

EMBODEN, William A.
1972 »Ritual Uses of Cannabis Sativa L.: A Historical-Ethnographic Survey« in: Peter FURST (Hg.), *Flesh of the Gods*, S. 214-236, London: Allen & Unwin
1976 »Plant Hypnotics Among the North American Indians« In: Wayland D. HAND (Hg.), *American Folk Medicine: A Symposium*, S. 159-167, Berkeley usw.: University of California Press

HEFFERN, Richard
1974 *Secrets of the Mind-altering Plants of Mexico.* New York: Pyramid Books

MILLSPAUGH, Charles F.
1974 *American Medicinal Plants.* New York: Dover

MOERMAN, Daniel E.
1986 *Medicinal Plants of Native America.* (2 Bde.) Ann Arbor: University of Michigan, Museum of Anthropology, Technical Reports, No. 19 [MOERMAN beruft sich in Bezug auf Cannabis auf James William HERRICK, 1977: *Iroquois Medical Botany*, University Microfilms International, Ann Arbor (2325)]

PARTRIDGE, William L.
1975 »Cannabis and Cultural Groups in a Colombian Municipio« in: Vera RUBIN (Hg.), *Cannabis and Culture*, S. 147-172, The Hague: Mouton

RÄTSCH, Christian
1991 *Indianische Heilkräuter: Tradition und Anwendung.* (2. verb. Aufl.) München: Diederichs
o.D. *Die Heilpflanzen der Lakandonen von Naha'.* Hamburg: MS

RUTSCH, Edward S.
1973 *Smoking Technology of the Aborigines of the Iroquois Area of New York State.* Rutherford usw.: Fairleigh Dickinson University Press

SCHROETER, Willy
1989 *Calumet – Der heilige Rauch.* Wyk auf Föhr: Verlag für Amerikanistik

SCHULTES, Richard E. & Albert HOFMANN
1980 *Pflanzen der Götter.* Bern, Stuttgart: Hallwag

SMET, Peter A. G. M. de
1985 *Ritual Enemas and Snuffs in the Americas.* Amsterdam: CEDLA

VOGEL, Virgil J.
1970 *American Indian Medicine.* Norman: University of Oklahoma Press

WILLIAMS-GARCIA, Roberto
1975 »The Ritual Use of Cannabis in Mexico« in: Vera RUBIN (Hg.), *Cannabis and Culture*, S. 133-145, The Hague: Mouton

Marijuana

Hanf im Curanderismo

Das spanische Wort *curandera* heißt »Heilerin«; das entsprechende *curandero* bedeutet »Heiler«. Die Praktiken der *curanderas* und *curanderos* werden als *curanderismo* bezeichnet. Sie umschließen zur Hauptsache ein spezialisiertes Kräuterwissen, das weit über die allgemeinen Hausmittelkenntnisse hinausgeht, sowie das Wissen um ambulante Methoden bei Knochenbrüchen usw. (Devine 1982: 108f.). Das Kräuterwissen speist sich aus indianischen, europäischen und afrikanischen Traditionen. Der Curanderismo ist in den lateinamerikanischen Volkskatholizismus eingebettet, enthält aber noch viele Elemente des mesoamerikanischen Schamanismus (Madsen 1955). Der Curanderismo unterscheidet sich aber von der Brujería, der volkstümlichen Zauberei, in der magische Techniken der Indianer mit Voodoo-Traditionen und Tarot-Praktiken verschmolzen sind (Sepulveda 1983). Beide Systeme sind in Mexiko und Kolumbien bis heute die wichtigsten Regulatoren der Volksgesundheit. Curanderas gibt es auf jedem Marktplatz. Sie werden von Kranken weitaus häufiger konsultiert als die schulmedizinisch ausgebildeten Ärzte. Sie können als Keimzellen der mexikanischen und kolumbianischen Volksmedizin angesehen werden.

In Mexiko ist wahrscheinlich zuerst der Name Marijuana verwendet worden. Es ist eine Kontraktion des Frauennamen María Juana (Maria-Johanna). Damit wird zum einen auf die weiblichen Blüten, zum anderen auf deren Gebrauch als Aphrodisiakum angespielt (vgl. Reko 1936: 64). Ebenfalls kommen die Namen *Rosa-María* oder *María Rosa* vor. In der frühen Kolonialzeit wurde der Hanf auch *pipiltzintzintli* genannt. Dieser Name stammt aus dem Aztekischen und bedeutet »die ehrwürdigen kleinen Kinder«. In vorspanischer Zeit wurde so eine botanisch nicht zu identifizierende aztekische Zauberpflanze genannt. Kurioserweise gibt es in Mexiko eine Volksethymologie von Marijuana, die den Namen auf die aztekischen Wörter *mali,* »Grasbüschel«, und *ha huana,* »berauschend«, zurückführt. Demnach wäre Marijuana der »berauschende Grasbüschel« (Diaz 1979: 78).

Meist werden die weiblichen Blüten *(Marijuana* oder *bota),* das abgeriebene Harz *(marijuana pura),* seltener die Blätter *(la hoja)* geraucht. Aber auch wässrige oder alkoholische Auszüge kommen zur Anwendung. Oft werden die Blüten und oberen Stengel zerrieben mit Rohrzucker oder Molasse und Chili vermischt in einem Glas Milch oder Mescal-Schnaps getrunken (Reko 1936: 64). Getrunken wird Marijuana vor allem für medizinische Zwecke.

In Mexiko wird Marijuana sehr vielseitig im Curanderismo und in der Volksmedizin genutzt. Der volksmedizinische Gebrauch ist bereits für das 19. Jahrhundert belegt. In San Luis Potosi wurde Hanfkraut mit *Aguardiente,* »Feuerwasser«, (billigem Zuckerrohrschnaps) vermischt und innerlich und äußerlich bei Tarantula-Bissen und Skorpionstichen verwendet (Bye 1979: 145). Tuberkulöse und lepröse Patienten rauchten sehr viel Marijuana gegen ihre Leiden (Reko 1936: 67).

Heute ist der multiple volksmedizinische Gebrauch weit verbreitet. Bei Asthma und anderen Muskelkrämpfen in den Atemwegen werden Marijuana-Zigaretten geraucht. Bei allen Arten von Krämpfen, etwa bei Tobsucht, Delirium tremens und Tetanus, sowie bei Koliken, Tuberkulose und Diarrhöen, als auch bei Schlaflosigkeit und Nervosität werden alkoholische Extrakte eingenommen (Cabrera 1981: 144-145). Marijuana wird ebenfalls bei Fieber, Durchfall sowie als Abführmittel verwendet (Diaz 1979: 78). In Guadalajara werden alkoholische Hanfextrekte zum Einreiben schmerzender Körperpartien (Muskelschmerzen, Verspannungen, Rheuma) aufgetragen und einmassiert.

In Mexiko gilt Marijuana auch als Heilmittel sozialer Mißstände. In der heimlichen Nationalhymne, dem Revolutionslied *La Cucaracha* heißt es:

La cucaracha, la cucaracha	Die Kakerlake, die Kakerlake
Ya no puede caminar	Noch kann sie nicht gehen
Porque la falta, porque la falta	Denn es fehlt noch, denn es fehlt noch
Marijuana que fumar	Marijuana zum Rauchen

Ähnlich wie in Mexiko wird die Volksmedizin in Kolumbien vom Curanderismo geprägt. Kolumbien gilt heutzutage allgemein als Kokainland, ist jedoch mehr ein »Marijuanaland« (Elejalde 1975: 327). Der Hanf, bzw. die getrockneten weiblichen Blüten heißen *la mona, la armarilla, ella* oder *marijuana.* Der Hanf wird von großen Teilen der Bevölkerung als regelmäßiges Rausch-, Entspannungs- und Stärkungsmittel (bei schwerer körperlicher Arbeit) verwendet. Es gibt aber auch zahllose volksmedizinische Verwendungen. So werden alkoholische Extrakte als Liniment (halbflüssiges Mittel) bei rheumatischer Arthritis äußerlich aufgetragen. Bei Asthma werden Hanfextrakte innerlich genommen (Elejalde 1975: 341). Bei Schlafstörungen, Erschöpfung, zur sexuellen Bestätigung und zur allgemeinen Gesunderhaltung wird der Hanf geraucht. Die frischen, grünen Blätter werden zu einer Paste zerstoßen auf die Haut über schmerzenden Körperpartien gerieben. Stark schreienden Kindern werden Aufgüsse aus Marijuana und Zucker zu trinken gegeben (PARTRIDGE 1975: 161f.). Möglicherweise ist der Hanf in der heutigen kolumbianischen Bevölkerung so weit verbreitet und so vielseitig medizinisch verwendet, weil in vorspanischer, sowie in frühkolonialer Zeit Tabak in zahlreichen Fällen medizinisch genauso verwendet wurde, wie heute Marijuana (PARTRIDGE 1975).

Marijuana ist der Bestandteil zahlreicher Kräutermixturen, die von professionellen Curanderos hergestellt werden. Meist ist Marijuana in Zubereitungen enthalten, die zur Behandlung chronischer Krankheiten dienen. Aber Hanf ist auch Ingredienz von alkoholischen Auszügen (in Rum oder *aguardiente*), die bei Schmerzen, Schlangenbissen, Blutungen und Asthma innerlich genommen werden (PARTRIDGE 1975: 161). Leider halten die Curanderos – aus verständlichen Gründen – die genauen Rezepte ihrer Mittel geheim (ELEJALDE 1975: 341).

Rezepte

MARIJUANA-EXTRAKT (nach Dr. Luis Cabrera)

100 g Marijuana (Cannabisblüten) werden mit reinem Alkohol bedeckt. Nach 48 Stunden abgießen. Die Lösung wird vorsichtig erhitzt. Wenn der Alkohol soweit verdampft ist, daß etwa 7-10 g übrig bleiben, mit destilliertem Wasser soweit verdünnen, bis es eine homogene, grüne, nach Hanf duftende Lösung gibt. Davon können 20 ml in einem Tee aus Orangenblättern (oder -blüten) gegeben werden. Für die medizinische Anwendung dreimal pro Tag für drei Tage trinken.

MARIJUANA-TINKTUR (Rezept aus Guadalajara)

Die weiblichen Blüten werden für drei Tage in 70%igem Alkohol eingelegt.

TEQUILA FUERTE

Frische Hanfwurzeln werden mit einer Chilischote in Tequila eingelegt. Mit einer Prise Salz und Limonensaft abschmecken.

MEXIKANISCHE ASTHMA-ZIGARETTEN

Marijuana und Zimtrinde werden zerkleinert, im Verhältnis 2:1 gemischt und zu Zigaretten gedreht.

Literatur

BYE, Robert A.
1979 »An 1878 Ethnobotanical Collection from San Luis Potosí: Dr. Edward Palmer's First Major Mexican Collection« *Economic Botany* 33(2): 135-162

CABRERA, Luis
1981 *Plantas curativas de México.* México, D. F.: Libro-Mex Editores

DEVINE, Mary Virginia
1982 *Brujería: A Study of Mexican-American Folk-Magic.* St. Paul, Minnesota: Llewellyn

DIAZ, José Luis
1979 »Ethnopharmacology and Taxonomy of Mexican Psychodysleptic Plants« *Journal of Psychedelic Drugs* 11(1-2): 71-101

ELEJALDE, B. R.
1975 »Marihuana and Genetic Studies in Colombia: The Problem in the City and in the Country« in: V. RUBIN (Hg.), *Cannabis and Culture,* S. 327-343, The Hague: Mouton

MADSEN, William
1955 »Shamanism in Mexico« *Southwestern Journal of Antropology* 11: 48-57

PARTRIDGE, William L.
1975 »Cannabis and Cultural Groups in a Colombian Municipio« in: V. RUBIN (Hg.), *Cannabis and Culture,* S. 147-172, The Hague: Mouton

SEPULVEDA, María Teresa
1983 *Magia, brujería y supersticiones en México.* México, D. F.: Everest Mexicana

Maconha

Hanf in der brasilianischen Volksmedizin

Brasilien ist das Land, in dem die Paramedizin enorme Blüten treibt. Menschen werden von den Geistern verstorbener Ärzte besessen und führen Operationen unter unhygienischen Bedingungen aus. Rasende Kult-Anhänger verkünden düstere Orakelsprüche, Dämonen werden mit blutigen Opfern exorziert. Neben all diesen Erscheinungen gibt es in Brasilien eine Volksmedizin, die indianische, afrikanische und europäische Elemente miteinander vereint und vor allem Kräuter zur Selbstbehandlung benutzt.

In Brasilien ist der Hanf seit über 400 Jahren heimisch. Er wurde immer als Faserlieferant, als Genußmittel und als Medizin verwendet (HUTCHINSON 1975: 173). Er wurde aber hauptsächlich von der aus Europa einfallenden und der aus Afrika verschleppten Bevölkerung verwendet. So spielte er auch bei den afrobrasilianischen Kulten, wie Candomblé, Xango, Macumba und Umbanda eine gewisse, doch weitgehend unbekannte Rolle (HUTCHINSON 1975: 179). Er wurde bei Divinationen und religiösen Riten des Catimbó-Kultes geraucht oder anders eingenommen (DE PINHO 1975: 294). Der Gebrauch als Rauchmittel von Ureinwohnern ist lediglich für die Tenetehara-Indianer belegt (HUTCHINSON 1975: 174).

Zunächst war der Hanf unter den Namen *diamba* und *pito do Pango* bekannt; heute wird er allgemein *maconha* genannt. Das Wort *maconha* ist die Bezeichnung der Hanfpflanze in Angola (DE PINHO 1975: 294). Südbrasilianische Fischer und Küstenbewohner nennen *Cestrum laevigatum*, ein alkaloidhaltiges Nachtschattengewächs, *maconha* oder *maconha brava*, »Wilder Hanf«. Sie rauchen die getrockneten Blätter als Marijuanaersatz (SCHULTES & HOFMANN 1980: 38).

Maconha wurde früher meist in einer Wasserpfeife, heute fast ausschließlich als Zigarette, manchmal mit Tabak gemischt, geraucht. Blätter und Blüten werden aber auch als Priem gekaut (HUTCHINSON 1975: 179). Für medizinische Zwecke werden meist Hanfblätter in Wasser ausgekocht. Solche Dekokte werden bei rheumatischen Beschwerden, Frauenleiden, Koliken und anderen schmerzenden Erscheinungen getrunken. Bei Zahnschmerzen werden weibliche Blüten auf den schmerzenden Zahn gelegt oder darum gewickelt und für eine längere Zeit im Mund behalten. Oft wird auch ein *licor* aus Hanfblüten und *cachaca* (Zuckerrohrschnaps) hergestellt (HUTCHINSON 1975: 180). In den ländlichen Gebieten ist der Gebrauch von Hanf besonders bei Menstruationsschmerzen und -krämpfen zur Entspannung verbreitet (DE PINHO 1975: 295). Ebenso wird der Hanf von der Amazonas-Bevölkerung benutzt. Dort wird er auch zur Behandlung von Asthma, Dysenterie, Krämpfen und Nervenleiden geraucht oder als Tinktur getrunken (CARNEIRO MARTINS 1989: 77). Auch gilt Maconha als Entspannungsmittel nach schwerer Arbeit und wird oft »Opium der Armen« genannt (DE PINHO 1975). Aber auch die höheren und ehemals höchsten Schichten haben sich mit dem Kraut angefreundet.

Der Hanf wurde auch als Reisebegleiter in den Tod verwendet. Berühmt ist die Geschichte von Königin Carlota Joaquino, die nach sechsjährigem Aufenthalt in der portugiesischen Kolonie nach Lissabon zurückgekehrt war und ihren Lieblingssklaven Felisbino mitgebracht hatte. Als sie im Sterben lag, bat sie selbigen Felisbino, er möge ihr doch *diambo do amazonas* geben. Der Sklave gehorchte und stellte einen Tee aus Hanf und Arsenik her. Nachdem seine Herrin sanft eingeschlafen war, trank auch er einen letzten Tee, um sich mit ihr im Himmel wiederzuvereinen (HUTCHINSON 1975: 175).

Rezept

LICOR DO MACONHA

Eine Handvoll Marijuanablüten werden für zwei Wochen in einen Liter weißen Rum eingelegt. Die Blüten verbleiben in der Flasche, bis sie geleert ist.

Literatur

CARNEIRO MARTINS, José Evandro
1989 *Plantas medicinais de uso na Amazônia.* (2. Aufl.) Belém-Pará: CEJUP

DE PINHO, Alvaro Rubin
1975 »Social and Medical Aspects of the Use of Cannabis in Brazil« in: V. RUBIN (Hg.), *Cannabis and Culture*, S. 293-302, The Hague: Mouton

HUTCHINSON, Harry William
1975 »Patterns of Marihuana Use in Brazil« in: V. RUBIN (Hg.), *Cannabis and Culture*, S. 173-183, The Hague: Mouton

SCHULTES, Richard E. & Albert HOFMANN
1980 *Pflanzen der Götter.* Bern: Hallwag

Delutionen

Hanf in der Homöopathie

Die Homöopathie ist ein Medizinsystem an den Grenzen der Stofflichkeit. Sie versteht sich selbst als eine Erfahrungswissenschaft. Die Homöopathie wurde als medizinische Methode von dem Arzt Samuel HAHNEMANN (1755–1843) begründet. HAHNEMANN hatte viel mit Heilmitteln herumexperimentiert. Beim Testen des aus Peru stammenden Chinarindenbaumes *(Cinchona pubescens)* entdeckte er die Regel *Similia similibus curentur,* »Ähnliches werde mit Ähnlichem geheilt«. Der gesunde HAHNEMANN trank einen Chinarindentee und erlebte plötzlich fieberähnliche Symptome. Daraus folgerte er, daß eine Pflanze genau die Krankheit heilen kann, die sie beim Gesunden hervorruft. Er schrieb:

> »Jedes wirksame Arzneimittel erregt im menschlichen Körper eine Art von eigener Krankheit. Man ahme die Natur nach, welche zuweilen eine chronische Krankheit durch eine andere hinzukommende heilt und wende in der zu heilenden (vorzüglich chronischen Krankheit) dasjenige Arzneimittel an, welches eine andere, möglichst ähnliche, künstliche Krankheit zu erregen im Stande ist, und jene wird geheilet werden: Similia similibus.« (HAHNEMANN 1796)

HAHNEMANN ging weiterhin davon aus, daß jede Substanz eigentlich zwei Wirkungsqualitäten hat: eine heilsame in schwacher oder niedriger, eine giftige in hoher Dosierung. In den Substanzen ist ein »gutes, göttliches Prinzip«, die »Lebenskraft« vorhanden, die als Gegenpol zur Materie wirkt. Wird die Lösung einer Substanz verdünnt, verwässert nur die Materie, der Geist (»Lebenskraft«) der Substanz bleibt aber erhalten. In höchster Verdünnung bleibt in dem Mittel alleine die Lebenskraft, das »gute, göttliche«, zurück, während es gleichzeitig, gereinigt von der »bösen Materie«, seine höchste Heilkraft entwickelt. Deswegen wird mit dem Prozeß der Verdünnung (Delution, abgekürzt D) der gelösten Substanz (»Urtinktur«) die Materie verdünnt, die Heilkraft aber potenziert, und zwar nach der zehnten Potenz.

Nach den HAHNEMANNschen Regeln wurden zahlreiche Substanzen aufgelöst und in verschiedenen Delutionen ausprobiert. Daraus hat sich dann über die letzten 200 Jahre ein recht geschlossenes Bild der Arzneimittelwirkung homöopathischer Zubereitungen ergeben. In den großen Standardwerken der Homoöpathie werden die Arzneimittelbilder der einzelnen Substanzen anhand der Symptome, die sie an Gesunden ausgelöst haben, zusammengefaßt (sog. Leitsymptome). Zeigt ein Patient eins oder mehrere Symptome, die dem Arzneimittelbild entsprechen, so greift der homoöpathisch arbeitende Arzt zu einem Heilmittel, das diesen Symptomen entspricht (GÄBLER 1965).

Der Hanf gehört seit der Geburtsstunde der Homöopathie zu ihrer Materia Medica. HAHNEMANN selbst schrieb über Hanf:

> »**Cannabis sativa.** Bisher wurde der Hanf bei akutem Tripper und bei einigen Arten von Gelbsucht mit Nutzen gegeben. Diese organotrope Tendenz findet sich wieder in den Prüfungssymptomen bei den Harnorganen. In persischen Wirtshäusern bedient man sich des Krautes, um die Ermüdung der zu Fuß Reisenden zu heben. Auch hierfür gibt es geeignete Prüfungssymptome. Lange Zeit gab ich Hanfsaft in Urtinktur, in der Gabe des kleinsten Teiles eines Tropfens. Aber jetzt finde ich, daß die Potenz C 30 diese Arzneikräfte höher entwickeln kann« (zit. n. BUCHMANN 1983: 19f.)

Über die Jahre wurden die Erfahrungen mit Hanf so umfangreich, daß in ALLEN's enzyklopädischem Standardwerk über 40 Druckseiten mit den Leitsymptomen von Hanf gefüllt sind (ALLEN 1975). Es hat sich in der homöopathischen Arzneimittellehre eingebürgert, zwischen *Cannabis sativa* und *Cannabis indica* zu unterscheiden. Tatsächlich unterschieden sich die Arzneimittelbilder bzw. Leitsymptome beider Arten erheblich. Vielleicht ein weiteres Indiz dafür, daß es sich tatsächlich um zwei verschiedene Arten der Hanfpflanze handelt.

Das homöopathische Heilmittel *Cannabis indica* wird hauptsächlich als Urtinktur und in niedrigen Potenzen verwendet. Die Urtinktur wird aus reinem Harz (Haschisch) und Alkohol gewonnen. Die Urtinktur ist rezeptpflichtig (BTM ist ebenfalls zu beachten). Nur Hochpotenzen sind apothekenpflichtig. Die Wirkung von *Cannabis indica* wird wie folgt charakterisiert:

> »Ruft höchst bemerkenswerte Halluzinationen und Vorstellungen hervor, **Übertreibung von Zeitdauer und Raummaß sind äußerst charakteristisch.** Kann Zeit, Raum und Ort nicht mehr begreifen. Ist außergewöhnlich glücklich und zufrieden, nichts stört. Gedanken stürmen auf ihn ein. Hat einen stark beruhigenden Einfluß auf viele Nervenleiden wie Epilepsie, Manie, Demenz, Delirium tremens und übersteigerte Reflexe. Morbus Basedow. Katalepsie.« (BOERICKE 1992: 187)

Cannabis indica wird bei vielen Leiden verordnet, u. a. bei Asthma, Impotenz, Appetitlosigkeit, sexueller Erschöpfung, Alpträumen und Nervenleiden. Als vergleichbare homöopathische Mittel (Beziehungen) gelten *Belladonna* (Tollkirsche), *Hyoscyamus* (Bilsenkraut) und *Stramonium* (Stechapfel), also die alten Hexenkräuter. Als Ersatzmittel gilt *Anhalonium lewinii* (BOERICKE 1992: 188), der Extrakt aus dem mexikanischen Peyotekaktus, der botanisch *Lophophora williamsii* heißt (GÄBLER 1965: 199-204).

Das homöopathische Mittel *Cannabis sativa* wird durch alkoholische Extraktion des frischen Krautes gewonnen. Es wird in der Urtinktur bis zur dritten Potenz (D3) verwendet, bei Stottern jedoch in der 30. Potenz (D30). *Cannabis sativa*

> »scheint besonders die Urogenital- und Atemwege zu beeinflussen. Es hat charakteristische Empfindungen wie von tropfendem Wasser. Große Müdigkeit wie von Überanstrengung; müde nach dem Essen. Erstickungsgefühl beim Schlucken; das Geschluckte gerät in die Luftröhre. **Stottern.** Gedanken- und Sprachverwirrung. Zittrige Stimme, hastige und unzusammenhängende Sprache.« (BOERICKE 1992: 188)

Cannabis sativa wird vor allem bei Urinverhalt, Erkrankungen der Harnwege (Gonorrhoe, Entzündung des Penis) und der Atemorgane verordnet. Als Ersatzmittel gilt *Hedysarum ildefonsianum*, eine brasilianische Süßkleeart (BOERICKE 1992: 190).

Es hat sich parallel zum homöopathischen Spezialistentum mit schulmedizinischen Ansprüchen eine volkstümliche Homöopathie entwickelt, die als ein »umstrittenes Grenzgebiet der Volksmedizin« gilt. So findet man in volksmedizinischen Büchern immer wieder aus der Homöopathie entliehene Anwendungen und Angaben. Von der Heilwirkung des Hanfs heißt es in *Kölbl's Kräuterfibel* mit dem sinnigen Untertitel *Eine Fundgrube alter und moderner Heilkräuter- und Hausmittel-Rezepte*:

> »Hanf wird in der homöopathischen Verdünnung (D1–D2) bei hysterischen Zuständen, Leberschwellung, Koliken und Herzklopfen nur auf ärztliche Anordnung gereicht. In Wasser gekocht, ist er gut für starken Husten; er beseitigt die rauhe Stimme. In Milch gekocht, wird er für Wassersucht empfohlen. In Essenzform wird er auch gegen Lungenentzündung mit Irrereden, bei Erbrechen mit Galle, sowie gegen Schmerzen beim Atmen und Sprechen verordnet, außerdem gegen langwierige Harnverhaltung, besonders bei nur tropfenweisem Abgang des Urins infolge Harnröhrenentzündung.« (KÖLBL 1983: 72)

Die Homöopathie ist heute dennoch ein allgemein anerkanntes Naturheilverfahren und wird von vielen Schulmedizinern ernst genommen. Es gibt sogar ein amtliches *Homöopathisches Arzneimittelbuch (HAB),* das Herstellung und Prüfungsvorschriften regelt. Immerhin ist hier auch die genaue Herstellung für den »guten, göttlichen« Geist der Hanfpflanze nachzulesen.

Literatur

ALLEN, Timothy F.
1975 *The Encyclopedia of Pure Materia Medica*. New York: Boericke & Tafel

BOERICKE, William
1992 *Handbuch der homöopathischen Materia medica*. Aus dem Amerk. übertr. u. bearb. v. D. J. BEHA, R. HICKMANN & K. F. SCHEIBLE, Heidelberg: Haug

BUCHMANN, Werner
1983 *Hahnemanns Reine Arzneimittellehre*. Heidelberg: Haug

GÄBLER, Hartwig
1965 *Aus dem Heilschatz der Natur*. Stuttgart: Paracelsus

HAHNEMANN, Samuel
1796 *Versuch über ein neues Prinzip zur Auffindung der Heilkräfte der Arzneisubstanzen nebst einigen Blicken auf die bisherigen.*

KÖLBL, Konrad
1983 *Kölbl's Kräuterfibel. Eine Kompilation*. (20. Aufl.) Grünwald: Reprint Verlag Konrad Kölbl

Dope

Hanf in der modernen Selbstmedikation

Es ist ein Zeichen der Zeit, daß der Glaube an politische Gesetze stark abnimmt. Regierungen, die unverhältnismäßig hohe Steuern kassieren, Kriege führen und die Bemühungen der Umweltschützer unterdrücken, werden von vielen Menschen nicht mehr ernst genommen. Die Gesetze werden bewußt übertreten, weil sie im rechtlichen Empfinden der Betroffenen falsch sind. Daß die Drogengesetze von vielen mißachtet werden, ist nichts neues. Die Betroffenen, z. B. die Kiffer, erachten den Gebrauch von Hanfprodukten als rechtens, ihnen fehlt jegliches Unrechtsbewußtsein.

Über die moderne Selbstmedikation mit Hanfprodukten liegen leider keine Studien vor. Hier und da erscheint mal ein Zeitungsartikel, in dem von Krebspatienten berichtet wird, die illegal Haschisch oder Marihuana zur Erleichterung ihrer Leiden rauchen. Gewöhnlich sind solche Berichte nach dem Motto verfaßt: »wer Krebs hat, dem kann auch Rauschgift nichts mehr schaden«.

Ein dramatischer Fall der Selbstmedikation mit Hanf wurde kürzlich von Dr. Lester Grinspoon berichtet (1992). Der 35jährige Kerry Wiley ist in Kuala Lumpur, der Hauptstadt von Malaysia, mit über 500 Gramm Cannabis erwischt worden. Bei dieser Menge schreibt das malayische Gesetzbuch die Todesstrafe durch Erhängen vor. Da Kerry den Hanf aus rein medizinischen Gründen gebrauchte, konnte durch internationale medizinische Gutachten und Interventionen die Todesstrafe in eine Gefängnisstrafe gemildert werden. Kerry ist als 12jähriger von einem Felsen gestürzt. Er hat zwar auf wunderbare Weise den Sturz überlebt, leidet aber seitdem an äußerst schmerzhaften Muskelkrämpfen. Er hat alle Arten von Heilmitteln und Therapien ausprobiert, bis er entdeckte, daß ihm lediglich der Hanfgenuß Linderung verschafft (GRINSPOON 1992).

Die Ärzte Dr. Lester Grinspoon und Dr. James Bakalar haben mehrfach darauf hingewiesen, daß Patienten aus Gründen der Selbstmedikation in zunehmendem Maße zu illegalen Drogen greifen (GRINSPOON & BAKALAR 1987). Patienten, die an Quadriplegie (Lähmung der vier Extremitäten), Paraplegie (Querlähmung; spastische Lähmung beider Beine) und multipler Sklerose (Gewebe- und

Organverhärtung) leiden, behandeln sich oft selbst mit Hanfprodukten. Normalerweise rauchen sie dazu Marihuana-Joints.

Ich habe von vielen Kiffern gehört, daß sie Haschisch oder Marihuana für die besten Mittel gegen Migräne halten. Mir wurden sogar Fälle berichtet, bei denen Personen, die jahrelang an Migräne gelitten hatten, von diesem chronischen Leiden für immer befreit wurden, als sie das Kiffen angefangen haben. Ähnliches gilt für Asthma. Ein Bekannter hat in seiner Jugend an furchtbaren Asthma-Anfällen gelitten. Seitdem er gelegentlich Haschisch raucht, ist sein Leiden vollkommen verschwunden. Es wäre sicherlich ein lohnendes Forschungsprojekt, diese modernen volksmedizinischen Anwendungen zu untersuchen.

Ich habe oft von der erfolgreichen Selbstmedikation bei Hepatitis, bei Schnupfen, Bronchitis, Asthma und allgemeinen Verspannungen gehört. Ein begeisterter Kiffer erklärte mir: »Dope ist das beste Mittel gegen Knoten im Gehirn. Ein Joint kann wie das Schwert Alexanders wirken.«

Literatur

GRINSPOON, Lester

1992 »A Brief Account of my Participation as a Witness in the Trial of Kerry Wiley« *Jahrbuch für Ethnomedizin und Bewußtseinsforschung* 1, Berlin: VWB

GRINSPOON, Lester & James BAKALAR

1987 »Medical Uses of Illicit Drugs« in: Ronald HAMOWY (Hg.), *Dealing with Drugs*, Lexington Books

1994 »Marihuana – die verbotene Medizin« Frankfurt/M.: Zweitausendeins

THC und Analoge
Hanf in der Schulmedizin

Die westliche Schulmedizin hat ihre Wurzeln im späten europäischen Mittelalter. Sie geht auf die italienischen Chirurgenschulen des frühen 13. Jahrhunderts in Salerno und Bologna zurück. Diese Schulen basierten auf den antiken Überlieferungen, den arabisch-islamischen Kenntnissen und beriefen sich speziell auf Galen und Avicenna. Zudem wurde in Salerno viel experimentiert und empirisch geforscht. Da für die Chirurgie die Betäubung besonders wichtig ist, wurden verschiedene grundlegende Methoden der Anästhesiologie in Salerno und Bologna entdeckt:

> »Für die Geschichte der Anästhesie ist von besonderem Interesse, daß in den Büchern Theoderichs [13. Jh.] zum ersten Mal eindeutig eine Narkose durch Inhalation erwähnt wird. Es handelt sich um den sogenannten *schlafspendenden Schwamm,* der bereits an eine Äthernarkose erinnert. Schwämme wurden dabei mit narkotisierenden Pflanzensäften getränkt, zum Beispiel Mandaragora-Öl (welches auch Nikolaus von Salerno erwähnte), und Säfte aus Bilsenkraut, Opium oder indischem Hanf. Danach trocknete man die Schwämme und bewahrte sie auf. Vor dem Gebrauch legte man sie eine Stunde in Wasser. Nachdem sie durchgezogen hatten, applizierte man sie dem Patienten auf die Nase und empfahl ihm, tief durchzuatmen. Die Operation begann, wenn der Proband schlief, oder vielmehr benommen war... Die Bologneser Schule leistete jedenfalls einen bedeutenden Beitrag zum Wiederaufblühen der abendländischen Chirurgie.« (FORGUE & BOUCHET 1990: 948)

In der positivistischen Naturwissenschaft, die auch die weltanschauliche Basis der modernen Schulmedizin bildet, herrscht ein mechanistisches Weltbild vor: »Organismen, die die Erde bevölkern, sind durchweg und ausnahmslos mechanische Gebilde und als solche maschinelle Konstruktionen. Sie halten als Gebilde mechanisch zusammen, vollbringen alle ihre Lebensleistungen durch den Betrieb einer mechanischen Konstruktion. Alle Lebensleistungen bestehen letztendlich in der Bewirkung mechanischer Arbeit...« (GUTMANN 1989: 33) – In der naturwissenschaftlich orientierten Schulmedizin wird der Mensch als eine Maschine mit bestimmten Funktionen betrachtet. Wenn die Funktionen –

dem Weltbild entsprechend – gestört sind, ist der Mensch krank. Die Mediziner versuchen dann, die Maschine wieder funktionstüchtig zu machen. Ein Medikament wird auch durch seine Funktion definiert. Daraus hat sich ergeben, daß in der Schulmedizin nicht mehr der Mensch als Kranker behandelt, sondern ein Symptom medikamentös beeinflußt wird. Ein Heilmittel soll möglichst spezifisch wirken, d. h. eine Funktion ausführen, die sich steuern läßt. Da Hanf nicht unbedingt spezifisch, sondern holitisch wirkt, hat er in der Schulmedizin einen schweren Stand.

Die Grundlagen der modernen Schulmedizin und Materia medica sind im 19. Jahrhundert geschaffen worden. Um 1827 war der Hanf ein Mittel der deutschen Schulmedizin: »Der ölige-schleimige Hanfsamen ist officinell und gehört zu den lindernden und erweichenden Mitteln« (CHAMISSO 1987: 70).

Der in Indien stationierte britische Arzt William O'Shaughnessy lernte vor Ort den vielseitigen rituellen, hedonistischen und medizinischen Gebrauch der Hanfprodukte aus *Cannabis indica* kennen. Er stellte eine Tinktur aus Ganja her, die er medizinisch bei verschiedenen Leiden getestet hat. O'Shaughnessy erzielte sensationelle Heilerfolge bei Rheumatismus, Hydrophobie (Furcht vor Wasser), Cholera, Tetanus und Krämpfen. Damit wurden erstmals experimentell die traditionellen Anwendungen bestätigt. Durch die Publikation seiner Ergebnisse geriet der Indische Hanf nach Europa und wurde dort als Tinktur zu einem berühmten Heilmittel.

In der zweiten Hälfte des 19. Jahrhunderts waren nach der *Pharmacopoea germanica* nicht nur die Hanfsamen offizinell, sondern auch »das Kraut der indischen, vorzugsweise weiblichen Pflanzen, genannt Haschisch: *Herba Cannabis indicae).*« (PABST 1887: 30) Hanfextrakt aus dem Kraut *(Extractum Cannabis indicae)* und Hanftinktur (*Tinctura Cannabis indicae)* wurden medizinisch angewendet:

> »Der indische Hanf und seine Präparate beeinflussen hauptsächlich die Thätigkeit des Gehirnes und des Nervensystems. Kleine Gaben wirken anregend auf die Nerven, die Sinnesorgane und das Vorstellungsvermögen; sie erzeugen eine heitere Stimmung. Nach grösseren Gaben tritt Verminderung der Sinnesfunktionen, Empfindungslosigkeit, Erschlaffung, Delirium, zuletzt tiefer Schlaf ein. Als Medikament findet der indische Hanf nicht häufige Anwendung; er wird in Folge seiner einschläfernden Wirkung an Stelle des Morphiums gegeben und wird manchmal noch in solchen Fällen mit Vortheil verwendet, wo das Morphium seine Wirkung versagt oder nicht angewendet werden kann. Der Same wurde früher häufig, jetzt seltener zur Darstellung von Emulsionen verwendet.« (PABST 1887: 30)

W.B. OSHAUGHNESSY M.D.
Professor of Chemistry and Natural Philosophy.
Medical College Calcutta

Der englische, in Indien stationierte Arzt W. B. O'Shaughnessy (1809–1890) gilt als der Begründer der modernen medizinischen Cannabisforschung.

Bis ins 20. Jahrhundert hinein waren alle Hanfpräparate in europäischen und amerikanischen Apotheken frei erhältlich. 1915 wurde Cannabis in Kalifornien rezeptpflichtig. 1941 werden ca. 30 Hanfpräparate aus den Pharmakopöen gestrichen. Seither gilt der Hanf in der westlichen Medizin als obsolet. Erst mit der Hippie-Revolution der Sechziger Jahre und der damit verbundenen Popularisierung von Haschisch und Marihuana tritt der Hanf als Heilmittel wieder ins öffentliche und medizinische Interesse. Bob Randell bemerkte, daß sein heimlicher Marihuana-Genuß den bei ihm krankhaft aufgetretenen überhöhten Augeninnendruck senkte und ihn so vor dem Erblinden bewahrte. Randell unterzog sich nach Absprache mit seinem behandelnden Arzt einer langwierigen klinischen Untersuchung. Dabei konnte bestätigt werden, daß seine Selbstmedikation erfolgreich war. Seine Ärzte erreichten sogar, daß Bob Randell mit Marihuana aus regierungseigenem Anbau versorgt wurde. Randell wurde so zum ersten legalen Kiffer (STAFFORD 1980: 44f.).

Seit 1971 werden Cannabisprodukte experimentell als Medikamente bei Alkoholismus, Heroin- und Amphetamin-Abhängigkeit, emotionalen Störungen, Muskelspasmen und Glaukom getestet (FURST 1988: 35, HALES 1991: 357). 1990 entdeckte der Mikrobiologe Gerald Lancs von der University of South Florida, daß Marihuana den Herpes-Virus tötet (afp-Meldung vom 16.5.90). Damit wird das alte römische Rezept gegen Herpes wissenschaftlich bestätigt.

Die traditionelle Anwendung von Hanfpräparaten bei Asthma wurde ebenfalls inzwischen wissenschaftlich bestätigt: »THC erweitert die Bronchien. Es kann, wie andere Medikamente, gegen Asthma Bronchiale als Aerosol inhaliert werden und wirkt ebenso gut.« (MAURER 1989: 48)

Eine Schweizer Forschungsgruppe um Dr. Maja Maurer und Prof. Dr. Adolf Dittrich hat inzwischen beweisen können, daß THC bei zentralnervös bedingter Spastizität (Muskelkrämpfe, z. B. bei multipler Sklerose oder Rückenmarksschädigungen) krampflindernd wirkt (MAURER et al. 1990). Die Forschergruppe stellte fest, daß THC (in einer Dosis von 5 mg) ähnlich wie Codein, aber besser wirkt und zudem verträglicher ist. Die Ergebnisse der Untersuchung waren so überzeugend, daß einem spastischen Patienten die staatliche Erlaubnis erteilt wurde, sich die lindernde Droge aus der Apotheke zu holen (BÜTTNER 1991).

Die medizinische Verwendung von Hanfprodukten, namentlich THC und dessen Analogen, bei Glaukom hat sich zwischenzeitlich etabliert. Es konnte bewiesen werden, daß es kein besser verträgliches und wirkungsvolleres Medikament als eben den Hanf gibt (ROFFMAN 1982). In den USA gibt es seit einigen Jahren ein THC-haltiges, verschreibungspflichtiges Medikament mit dem Namen *Canasol*. Es wird bei Glaukom nach ärztlicher Verordnung verabreicht. 1991 soll dieses

Medikament sogar Präsident Bush verschrieben worden sein. Dennoch geht Bushs Kampf den Drogen weiter. Im April 1992 wurde allen amerikanischen Ärzten die Erlaubnis entzogen, Joints oder andere THC-haltige Medikamente zu verschreiben. Bis dahin gab es Joints auf Krankenschein für Krebs-Patienten, die an den schrecklichen Folgen (chronische Übelkeit, Erbrechen) der Chemotherapie litten (MAURER 1989: 48). Die Drogenbehörde FDA erteilte nur wenigen »Härtefällen« die Genehmigung, nach ärztlicher Vorschrift Marihuana zu rauchen. Damit ist nun Schluß. Für die letzten 15 Patienten wird das Programm auslaufen, und neue Genehmigungen dürfen nicht mehr erteilt werden. Als Grund für die neue Politik wird die in letzter Zeit gestiegene Zahl von Anträgen genannt! (dpa-Meldung vom 7.4.92)

Literatur

BÜTTNER, Jean-Martin
1991 »Haschisch als Medikament, ein folgenreiches Experiment« *Tages-Anzeiger* 22.10.91: 80

CHAMISSO, Adelbert von
1987 *Illustriertes Heil-, Gift- und Nutzpflanzenbuch*. Berlin: Reimer (Reprint von 1827)

FORGUE, Emile & Alain BOUCHET
1990 »Die Chirurgie bis zum Ende des 18. Jahrhunderts« in R. TOELLNER (Hg.), *Illustrierte Geschichte der Medizin*, Bd. 2: 911-1001, Salzburg: Andreas & Andreas

FURST, Peter T.
1988 *Hallucinogens and Culture*. (5. Aufl.) Novato, CA: Chandler & Sharp

GUTMANN, Wolfgang F.
1989 *Die Evolution hydraulischer Konstruktionen*. Frankfurt/M.: Verlag Waldemar Kramer

HALES, Dianne
1991 *An Invitation to Health*. (5. Aufl.) Redwood City, CA: Benjamin/Cummings Publ. Co.

MAURER, Maja
1989 »Therapeutische Aspekte von Cannabis in der westlichen Medizin« in: M. SCHLICHTING & H. LEUNER (Hg.), *3. Symposion über psychoaktive Substanzen und veränderte Bewußtseinszustände in Forschung und Therapie*, S. 46-49, Göttingen: ECBS

MAURER, M., V. HENN, A. DITTRICH & A. HOFMANN
1990 »Delta-9-tetrahydrocannabinol Shows Antispastic and Analgesic Effects in a Single Case Double-blind Trial« *European Archives of Psychiatry and Clinical Neuroscience* 240: 1-4

O'SHAUGHNESSY, W. B.
[1839] »On the Preparation of the Indian Hemp or Gunja« in T. MIKURIYA (Hg.), *Marijuana: Medical Papers 1839–1972*, S. 3-30, Oakland: Medi-Comp Press

PABST, G. (Hg.)
1887 *Köhler's Medizinal-Pflanzen*. Gera-Untermhaus: Eugen Köhler

ROFFMAN, Roger A.
1982 *Marijuana as Medicine*. Seattle: Madrona

STAFFORD, Peter
1980 *Cannabis: Haschisch & Marihuana*. Markt Erlbach: Raymond Martin Verlag

Perspektiven
für eine gehanfte Weltgesundheit

»Der medizinische Ruhm von *Cannabis* verbreitete sich so rasch wie die Pflanzen selbst.«
Richard Schultes und Albert Hofmann (1980: 97)

»Marihuana ist, wie alle Genußdrogen, ein aktives Placebo, das bei den Menschen wirkt, die es zu schätzen gelernt haben.«
Andrew Weil (1991: 357)

Der Büffel wurde zum Symbol der Indianer, der »anderen«, der Gegner der weißen Zivilisation. Mit der bestialischen Massenvernichtung des amerikanischen Bison wurde den Indianern die Grundlage ihrer Kultur geraubt (MÜLLER 1976).

Der Hanf wurde – kaum 100 Jahre nach dem Büffelholocaust – zum Symbol der protestierenden Jugend, der Feinde des zivilisierten Establishments, der aufstrebenden Gegenkultur. Seit den Sechziger Jahren versucht die US-Regierung mit Flammenwerfern und ähnlicher Kriegsmaschinerie dem Kraut den Garaus zu machen (NOVAK 1980). Die US-Regierung hat den Drogen, also auch dem Hanf, den Krieg erklärt. Der Krieg gegen die harmlose, friedvolle Pflanze ist eigentlich ein Krieg gegen die Menschen, die nicht nur ein Recht auf Rausch, sondern auch auf kulturelle Freiheit haben. Es gehört wenig Verstand dazu, zu begreifen, daß jeder Krieg sinnlos und schädlich ist. Weder der Krieg gegen Menschen, noch gegen Pflanzen nützt irgendwem irgendetwas. Im Gegenteil, wer Krieg gegen die Natur führt, sägt den Ast ab, auf dem er sitzt. Krieg ist immer gleichbedeutend mit ökologischer Katastrophe.

Die vorliegende ethnomedizinische Bestandsaufnahme hat gezeigt, daß es keine Pflanze gibt, die auch nur annäherungsweise ein derart weites medizinisches Anwendungsspektrum besitzt wie der Hanf. Zudem konnte gezeigt werden, daß sehr viele traditionelle Anwendungen von der modernen medizinischen und pharmakologischen Forschung bestätigt wurden. Weiterhin hat sich herausgestellt, daß es kein harmloseres und besser verträgliches Rauschmittel gibt (vgl. RIPPCHEN 1992). Allerdings scheint diese Erkenntnis noch recht wenig zu nützen. Es wurden wirklich ausreichend wissenschaftliche Beweise erbracht, daß es bei den Folgen der Chemotherapie und bei Glaukom kein verträglicheres und wirkungsvolleres Mittel als THC gibt. Dennoch werden die meist hoffnungslos Kranken durch absurde politische Entscheidungen ihres letzten Heilmittels beraubt. Da sie natürlich nun zur illegalen Selbstmedikation greifen, werden sie obendrein noch zu Kriminellen abgestempelt. Die Verelendung wächst weiter...

Zu den Grundrechten des Menschen gehört nicht nur das Recht auf Rausch, sondern auch das Recht auf Gesundheit, und damit das Recht auf geeignete Heilpflanzen. Wenn es um Heilung und Gesundheit geht, hat jeder Mensch das Recht, das Heilmittel zu bekommen, das ihm wirklich hilft. Deswegen hat ein jeder Mensch das Recht auf den Gebrauch von Hanfprodukten. Werden sie aus dem Sumpf der Illegalität befreit, können sie weltweit – denn keine andere Pflanze hat eine ähnlich weltweite Verbreitung – der Weltgesundheit in enormem Maße zuträglich sein. Die Menschen in allen Ländern können im medizinisch sinnvollen Gebrauch der Hanfprodukte unterwiesen werden, ganz im Sinne von Dr. Peter BAUMANN, der einen Rauschkundeunterricht fordert (1989: 137). Zukunftsmusik? Ich glaube nicht.

> »Der Drogenkrieg ist verloren.«
> Nobelpreisträger Milton Friedman
> (*Der Spiegel* 14/1992: 77)

Literatur

BAUMANN, Peter
1989 »Hanf heute – Wert und Unwert« *Schweizerische Ärztezeitung* 70(4): 134-140

MÜLLER, Werner
1976 *Geliebte Erde: Naturfrömmigkeit und Naturhaß im indianischen und europäischen Nordamerika*. (2. Aufl.) Bonn: Bouvier Verlag

NOVAK, William
1980 *High Culture: Marijuana in the Lives of Americans*. New York: Alfred A. Knopf

RIPPCHEN, Ronald (Hg.)
1992 *Das Recht auf Rausch*. Löhrbach: Werner Piepers's Medienexperimente (Der Grüne Zweig 147)

SCHULTES, Richard E. & Albert HOFMANN
1980 *Pflanzen der Götter*. Bern: Hallwag

WEIL, Andrew
1991 *Was uns gesund macht*. Weinheim, Basel: Beltz (Psychologie Heute Taschenbuch)

Anhang

Glossar

abortativ	die Frucht abtreibend
Akonit	Pflanzendroge aus dem Wurzelstock von *Aconitum sp.*
Alkaloid	stickstoffhaltige, alkalisch reagierende Wirkstoffe in Pflanzen (oder Tieren)
Anästhetikum	Betäubungsmittel, Narkosemittel
analgetisch	schmerzlindemd
Animismus	naturverehrende Religon, bei dem die Gottheiten in Naturphänomenen, Steinen, Pflanzen, Tieren (und Menschen) wohnen; philosophische Betrachtung von einer belebten (mit Bewußtsein erfüllten) Natur
Antidot	Gegengift
Antoniusfeuer	Krankheit durch Mutterkornvergiftung ausgelöst (auch *Ignis sacer*)
Aphrodisiakum	Substanz, die eine im Menschen subjektiv erlebte Erweiterung oder Bereicherung des sinnlichen, erotischen und sexuellen Erfahrungsbereiches bewirkt
Bähung	Anwendung warmer Dämpfe (von heißem Wasser oder Kräutertee) zu Heilzwecken
binominale Taxonomie	System zur Benennung von Gattungen und Arten; wurde von Carl v. Linné im 18. Jh. eingeführt
Bhang	1. Name eines hanfhaltigen Getränkes (auf dem indischen Subkontinent) 2. alter indogermanischer Name für Rauschmittel 3. indischer Name für die Hanfblätter
Bön	alttibetische (vorbuddhistische) Staatsreligion mit schamanistischen Elementen
Composita	aus mehreren Drogen zusammengesetzte Arzneimittel
Dekokt	Drogenauszug, oft kalt angesetzt, dann gekocht; Abkochung
diuretisch	harntreibend, die Nierentätigkeit stimulierend
Divination	Wahrsagerei oder Prophetie über ein göttliches Medium
Dreckapotheke	die Verwendung von menschlichen oder tierischen Körperausscheidungen (vornehmlich von Exkrementen)
endemisch	einheimisch; auf ein genau definiertes Verbreitungsgebiet beschränkt

Ethnobotanik	Die Erforschung der kulturell tradierbaren Wissensbereiche und Handlungen, die sich auf Pflanzen beziehen
Expektorans	Heilmittel, die die Schleimauswerfung der oberen Luftwege fördern
Flavonoide	Naturstoffe, die meist als natürliche Farbstoffe in Pflanzen vorkommen; im menschlichen Körper wirken sie gegen die Oxydation von Vitamin C und Adrenalin
Hierobotanik	Weissagung mit oder durch Pflanzen (Orakelblumen etc.)
Induktion	Beeinflussung oder Auslösung eines nervlichen Vorganges
Katalepsie	anhaltendes (krankhaftes Verharren in einer bestimmten, meist unbequemen Körperhaltung unter Erhöhung der Muskelspannung
Laxans	innerlich genommenes Abführmittel
laxativ	abführend wirksam
Lethaldosis	die tödliche Menge einer Substanz
Materie medica	Arzneimittel(schatz)
mazerieren	in kalter Flüssigkeit (Wasser, Alkohol) ausziehen
Morbus Basedow	Basedow-Krankheit, Schilddrüsenfehlfunktion mit Kropf und Glotzaugen
Moxibustion	traditionelle chinesische Heilmethode, bei der auf dem Körper Brandmarken gesetzt werden
Nekromant	Zauberer, der mit der Totenwelt oder mit den Seelen Verstorbener Kontakt aufnehmen kann (und über dieses Medium prophezeit)
Neolithikum	Jungsteinzeit; durch den Beginn der Seßhaftwerdung und des Feldbaues gekennzeichnet
offizinell	im amtlichen Arzneimittelbuch geführt
Orchitis	Hodenentzündung mit Fieber und schmerzhaften Schwellungen
Panazee	Allheilmittel
Pharmakologie	Lehre von Heilmitteln
Pharmakopöe	1. (Amtliches) Arzneimittelverzeichnis 2. Arzneimittelbstand einer Kultur, eines medizinischen Systems, einer Epoche oder einer (kultur)geographischen Zone
Phytotherapie	die Heilbehandlung mit pflanzlichen Drogen
Psychedelikum	Drogen, die eine Bewußtseinserweiterung bewirken
psychoaktiv	geistbewegend; die Geistestätigkeit stimulierend
psychotrop	das Bewußtsein beeinflussend

purgieren innerlich reinigen z. B. durch Abführmittel oder Klistiere

Rhapsoden spezialisierte oder professionelle Erzähler und Sänger, die vor allem Legenden und Historientexte vortragen

Samadhi sanskrit »Einfaltung«; Bezeichnung des höchsten Bewußtseinszsutandes (»Erleuchtung«)

Shintoismus ursprüngliche japanische Religion, mit einem reichen Pantheon und naturverehrenden Riten

Taoismus ursprünglich eine chinesische philosophische Lehre vom Tao, dem »Unnennbaren«; später zu einer polytheistischen Volksreligion geworden

Tonikum allgemeines Stärkungsmittel, das positiv, präventiv und gesunderhaltend auf den Menschen wirkt

Toxizität Giftigkeit einer Substanz: grundsätzlich kann jede Substanz giftig sein, es hängt von der Dosis ab. Substanzen, die in niedriger Dosis schädlich wirken, haben eine hohe Toxizität; Substanzen, die in hoher oder höchster Dosierung (weit über der wirksamen Dosis) schädlich wirken, haben eine geringe Toxizität

Traumatologie Lehre von der Entstehung, Verhütung und Behandlung von körperlichen Schäden (durch Wunden, Verletzungen)

Trepanation chirurgische Öffnung der Schädelhöhle

Allgemeine Hanf-Bibliographie

Die Spezialartikel zu den einzelnen Medizinsystemen und den traditionellen Anwendungen des Hanfes finden sich am Ende eines jeden Kapitels.

ABEL, Ernest L.
1980 *Marihuana: The First Twelve Thousand Years*. New York: Plenum Press

ANDREWS, George & Simon VINKENOOG (Hg.)
1968 *The Book of Grass*. New York: Grove Press

ALDRICH, Michael R.
1977 »Tantric Cannabis Use in India« *Journal of Psychedelic Drugs* 9(3): 227-233
1988 (Hg.) »Marijuana – An Update« *Journal of Psychoactive Drugs* Vol. 20(1): 1-138

BAUDELAIRE, Charles
1972 *Die künstlichen Paradiese*. Köln: Hegner

BARBER, Theodore X.
1970 *LSD, Marihuana, Yoga and Hypnosis*. Chicago: Aldine

BAUMANN, Peter
1989 »Hanf Heute – Wert und Unwert« *Schweizerische Ärztezeitung* 70(4): 134-140
1989 »Replik« *Schweizerische Ärztezeitung* 70(11): 462-463

BAYRLE-SICK, Norbert
1984 *Drogensubkultur*. Linden: Volksverlag

BEHR, Hans-Georg
1982 *Von Hanf ist die Rede*. Basel: Sphinx

BERGE, Fr. & W. A. RIECKE
1845 *Giftpflanzen-Buch oder allgemeine und besondere Naturgeschichte sämtlicher inländischer sowie der wichtigsten ausländischen phaneroganischen und cryptogamischen Giftgewächse*. Stuttgart: Hoffmann'sche Verlags-Buchhandlung

BIBRA, Ernst Freiherr von
1855 *Die narkotischen Genußmittel und der Mensch*. Nürnberg: W. Schmid

BINDER, Michael A.
1981 »Haschisch und Marihuana« *Deutsches Ärzteblatt* Heft 4 vom 22.1.81: 117-126

BLÄTTER, Andrea
1990 *Kulturelle Ausprägungen und die Funktionen des Drogengebrauchs*. Hamburg: Wayasbah
1992 »Das Vergnügen, die Sucht und das Bewußtsein: Einstellungen zum Cannabiskonsum« *Jahrbuch für Ethnomedizin und Bewußtseinsforschung* 1, Berlin: VWB

BONNIE, Richard J. & Charles H. WHITEBREAD
1974 *The Marihuana Conviction: A History of Marihuana Prohibition in the United States*. Charlottesville, Virginia: University Press of Virginia

BRAUDE, M. & S. SZARA (Hg.)
1976 *Pharmacology of Marihuana*. New York: Raven-Press

BURIAN, Wilhelm & Irmgard EISENBACH-STANGL (Hg.)
1982 *Haschisch: Prohibition oder Legalisierung*. Weinheim und Basel: Beltz

CARTER, W. E. (Hg.)
1980 *Cannabis Use in Costa Rica: A Study of Chronic Marijuana Use*. Philadelphia: Institute for the Study of Human Issues

CHERNIAK, Laurence
1979 *The Great Books of Hashish*. (2 Bde.) Berkeley: And/Or Press

CHOPRA, G. S.
1969 »Man and Marijuana« *International Journal of the Addiction* 4(2): 215-247
1971 »Marijuana and Adverse Psychotic Reactions« *Bulletin on Narcotics* 23: 15-22

CLARKE, R. C.
1977 *The Botany and Ecology of Cannabis*. Ben Lomond, CA: Pods Press

COFFMAN, C. B. & W. A. GENTNER
1979 »Greenhouse Propagation of Cannabis sativa L. by Vegetative Cuttings« *Economic Botany* 33(2): 124-127

COHEN, Sidney
1966 *The Beyond Within*. New York: Atheneum
1982a »Cannabis and Sex: Multifaceted Paradoxes« *Journal of Psychoactive Drugs* 14(1-2): 55-58
1982b »Cannabis Effects on Adolescent Motivation« *Marijuana and Youth: Clinical Observations on Motivation and Learning*. Rockville, Maryland: NIDA

COOKE, Mordecai C.
1989 *The Seven Sisters of Sleep*. Lincoln, Mass.: Quarterman Publ. [Faksimile von 1860]

DAYANANDAN, P. & J. P. B. KAUFMAN
1975 *Trichomes of Cannabis sativa*. Ann Arbor: University of Michigan Press

DE LEEUW, Hendrik
1939 *Flower of Joy*. New York: Lee Furman

DE ROPP, Robert
1961 *Drugs and the Mind*. New York: Grove Press

DITTRICH, Adolf
1985 *Ätiologie-unabhängige Strukturen veränderter Wachbewußtseinszustände*. Stuttgart: Enke

DOBKIN DE RIOS, Marlene
1990 *Hallucinogens: Cross-Cultural Perspectives*. Bridport, Dorset: Prism Press

DORNBUSH, R. L., A. FREEDMAN & M. FINK (Hg.)
1976 *Chronic Cannabis Use*. New York: New York Academy of Sciences

DRAKE, William Daniel Jr.
1971 *The Conoisseur's Handbook of Marijuana*. San Francisco: Straight Arrow

EMBODEN, William
1972 *Narcotic Plants*. London: Studio Vista
1972b »Ritual Use of Cannabis sativa« in P. FURST (Hg.), *Flesh of the Gods* New York: Praeger
1979 *Narcotic Plants*. (Revised and Enlarged) New York: Macmillan
1981 »Cannabis in Ostasien – Herkunft, Wanderung und Gebrauch« in *Rausch und Realität* 1: 324-329, Köln: Rautenstrauch-Joest-Museum

ESCOHOTADO, Antonio
1990 *Historia de las drogas.* (3 Bde.) Madrid: Alianza Editorial

FEUERLEIN, Wilhelm (Hg.)
1980 *Cannabis heute: Bestandsaufnahme zum Haschischproblem.* Wiesbaden: Akademische Verlagsanstalt

FURST, Peter T.
1976 *Hallucinogens and Culture.* San Francisco: Chandler & Sharp
1990 (Hg.) *Flesh of the Gods: The Ritual Use of Hallucinogens.* (2. Aufl. mit neuer Introduction). Prospect Heights, Illinois: Waveland Press

GELPKE, Rudolf
1982 *Vom Rausch im Orient und Okzident.* Frankfurt/M., Berlin, Wien: Ullstein

GESCHWINDE, Thomas
1990 *Rauschdrogen: Marktformen und Wirkungsweisen.* (2. stark erweiterte Aufl.) Berlin usw.: Springer

GOODE, Erich
1970 *The Marijuana Smokers.* New York: Basic Books

GRINSPOON, Lester
1969 »Marihuana« *Scientific American* 221(6)
1971 *Marihuana Reconsidered.* Cambridge, Mass.: Havard University Press
1992 »A Brief Account of My Participation as a Witness in the Trial of Kerry Wiley« *Jahrbuch für Ethnomedizin und Bewußtseinsforschung* 1, Berlin: VWB

GRUPP, Stanley E. (Hg.)
1971 *Marihuana.* Columbus, Ohio: Merril (Merrill Sociology Series)

HAI, Hainer
1981 *Das Definitive Deutsche Hanf Handbuch.* Löhrbach: Grüner Zweig 73 [Dieses Buch ist indiziert]

HAINING, Peter (Hg.)
1975 *The Hashish Club: An Anthology of Drug Literature.* (2 Bde.) London: Peter Owen

HALIKAS, James, Ronald WELLER & Carolyn MORSE
1982 »Effects of Regular Marijuana Use on Sexual Performance« *Journal of Psychoactive Drugs* 14(1-2): 59-70

HARTWICH, Carl von
1911 *Die menschlichen Genußmittel.* Leipzig: Tauchnitz

HELLMANN, Arthur D.
1975 *Laws Against Marijuana: The Price We Pay.* Urbana, Chicago, London: University of Illinois Press

HERER, Jack
1990 *The Emperor Wears No Clothes.* Van Nuys, CA: HEMP Publishing

HESS, Peter
1973 *Experimentelle Untersuchungen akuter Haschischeinwirkung auf den Menschen.* Mannheim: Diss. MS

HÖHLE, Sigi, Claudia MÜLLER-EBELING, Christian RÄTSCH & Ossi URCHS
1986 *Rausch und Erkenntnis: Das Wilde in der Kultur.* München: Knaur

HOMANN, Ulf
1972 *Das Haschischverbot: Gesellschaftliche Funktion und Wirkung*. Frankfurt/M.: Fischer

HOYE, David
1974 *Hasheesh: The Herb Dangerous*. San Francisco: Level Press

JÜNGER,Ernst
1980 *Annäherungen – Drogen und Rausch*. Frankfurt/M. usw.: Ullstein

KABELIC, J. et al.
1960 »Cannabis as a Medicament« *Bulletin on Narcotics* 12(3): 5-23

KAPLAN, John
1971 *Marijuana: The New Prohibition*. New York: Pocket Books

KESSLER, Thomas (Hg.)
1984 *Hanf in der Schweiz*. Grenchen: Nachtschatten Verlag
1985 *Cannabis helvetica*. Zürich: Nachtschatten Verlag

KIMMERS, Andrew C. (Hg.)
1977 *Tales of Hashish*. New York: William Morrow

KISSLING, H. J.
1957 *Zur Geschichte der Rausch- und Genußgifte im osmanischen Reiche*. München: Südost-asiatische Forschungen, Bd. 16

KOTSCHENREUTHER, Helmut
1978 *Das Reich der Drogen und Gifte*. Frankfurt/M., Berlin, Wien: Ullstein

LA VALLE, Suomi
1984 *Hashish*. London: Quartet Book

LAATSCH, Hartmut
1989 *Haschisch, marihuana, THC*. Referat auf dem 3. Symposium des ECBS, Freiburg/Br.

LEONHARDT, Rudolf Walter
1970 *Haschisch-Report: Dokumente und Fakten zur Beurteilung eines sogenannten Rauschgiftes*. München: Piper

LEMBERGER, L.
1980 »Potential Therapeutic Usefulness of Marijuana« *Annual Review of Pharmacology and Toxicology* 20: 151-172

LEU, Daniel
1984 *Drogen – Sucht oder Genuss*. (3. überarb. Auflage) Basel: Lenos

LEUENBERGER, Hans
1970 *Im Rausch der Drogen*. München: Humboldt

LEUNER, Hanscarl
1981 *Halluzinogene*. Bern usw.: Huber

LEWIN, Louis
1980 *Phantastica*. Linden: Volksverlag

LEWINGTON, Anna
1990 *Plants for the People*. London: Natural History Museum Publications

LEWIS, Barbara
1970 *The Sexual Power of Marijuana*. New York: Wyden

LIGGENSTORFER, Roger (Hg.)
1991 *Neue Wege in der Drogenpolitik: Geschichte des Hanfs und der Drogenprohibition*. [Solothurn:] Nachtschatten Verlag

LUDLOW, Fitz Hugh
1981 *Der Haschisch-Esser*. Basel: Sphinx

McKENNA, Terence
1990 *Plan – Plant – Planet*. Löhrbach: Der Grüne Zweig 135
1992 *Food of the Gods: The Search for the Original Tree of Knowledge – A Radical History of Plants, Drugs, and Human Evolution*. New York etc.: Bantam Books

MARGOLIS, Jack S. & Richard CLORFENE
1979 *Der Grassgarten*. Linden: Volksverlag

MATTISON, J. B.
1891 »Cannabis Indica as an Anodyne and Hypnotic« *The St. Louis Medical and Surgical Journal* 56 (Nov.): 265-271

MECHOULAM, Raphael (Hg.)
1973 *Marijuana: Chemistry, Pharmacology, Metabolism and Clinical Effects*. New York: Academic Press
1986 *Cannabinoids as Therapeutic Agents*. Florida: CRC Press

MERLIN, Mark David
1972 *Man and Marijuana: Some Aspects of Their Ancient Relationship*. Rutherford, Madison, Teaneck: Fairleigh Dickinson University Press

METZNER, Wolfgang & Berndt Georg THAMM
1989 *Drogen*. Hamburg: Gruner + Jahr (STERN-Buch)

MIKURIYA, Tod. H.
1973 (Hg.) *Marijuana: Medical Papers*. Oakland, CA: Medi-comp Press
1982 »Die Bedeutung des Cannabis in der Geschichte der Medizin« in: W. BURIAN & I. EISENBACH-STANGL (Hg.), *Haschisch: Prohibition oder Legalisierung*, S. 87-102, Weinheim, Basel: Beltz

MOREAU DE TOURS, J. J.
1973 *Hashish and Mental Illness*. New York: Raven Press

MRABET, Mohammed
1984 *M'hashish*. San Francisco: City Lights Books

MÜLLER-EBELING, Claudia & Christian RÄTSCH
1986 *Isoldens Liebestrank: Aphrodisiaka in Geschichte und Gegenwart*. München: Kindler
1987 »Kreisrituale« *Sphinx* 6/86: 42-47

NAHAS, Gabriel G.
1976 (Hg.) *Marihuana: Chemistry, Biochemistry and Cellular Effects*. New York: Springer
1979 *Keep Off the Grass: A Scientific Enquiry Into the Biological Effects of Marijuana*. (Revised Ed.). Oxford etc.: Pergamon [Vorwort von Jacques COUSTEAU, dem erbitterten Gegner...]

[National Academy of Sciences Institute of Medicine]
1982 *Marijuana and Health*. Washington, D.C.: National Academy Press

NEUMANN, Nicolaus
1970 *Hasch und andere Trips*. Hamburg: Konkret Verlag

NOVAK, William
1980 *High Culture: Marijuana in the Lives of Americans*. New York: Alfred A. Knopf

OHSAWA, George, Herman AIHARA & Fred PULVER
1985 *Rauchen, Marihuana und Drogen*. Holthausen, Münster: Verlag Mahajiva

PELT, Jean-Marie
1983 *Pflanzenmedizin*. Düsseldorf, Wien: Econ
1983 *Drogues et plantes magiques*. Paris: Fayard

PETERSEN, R. C. (Hg.)
1976 *Marijuana Research Findings: 1976*. Rockville, Maryland: NIDA Research Monograph 14

RÄTSCH, Christian
1986 *Ethnopharmakologie und Parapsychologie*. Berlin: EXpress Edition
1988 *Lexikon der Zauberpflanzen aus ethnologischer Sicht*. Graz: ADEVA
1990 *Pflanzen der Liebe*. Bern, Stuttgart: Hallwag
1990 *Die Orientalischen Fröhlichkeitspillen und verwandte psychoaktive Aphrodisiaka*. Berlin: VWB
1991 »Ethnomedizinische Aspekte von Cannabis« in R. LIGGENSTORFER (Hg.), *Neue Wege in der Drogenpolitik*, 144-151, [Solothurn:] Nachtschatten Verlag
1991 *Von den Wurzeln der Kultur: Die Pflanzen der Propheten*. Basel: Sphinx
1991 »De Hola Herb – Vom Hanf in der Bibel« in: R. RANKE-RIPPCHEN, *Das Böse Bibel Buch*, S. 101-104, Löhrbach: *Der Grüne Zweig* 145
1991 »Bridges to the Gods: Psychedelic Rituals of Knowledge« *Annali dei Musei civici* 6/1990: 127-138, Rovereto
1992 *Magical Plants: An Ethnopharmacological Dictionary*. Bridport, Dorset: Prism Press
1992 (Hg.) *Das Tor zu inneren Räumen: Eine Festschrift für Albert Hofmann*. Südergellersen: Verlag Bruno Martin

REGARDIE, Israel
1968 *Roll Away the Stone*. Saint Paul, Minn.: Llewellyn [enthält den gesamten Text «The Herb Dangerous« von Aleister CROWLEY; vgl. HOYE 1974]

RÖMPP, Hermann
1950 *Chemische Zaubertränke*. (5. verb. Aufl.) Stuttgart: Kosmos Franckh'sche Verlagsbuchhandlung

ROFFMAN, Roger A.
1979 *Using Marijuana in the Reduction of Nausea Associated with Chemotherapy*. Seattle: Murray Publ. Co.
1982 *Marijuana as Medicine*. Seattle: Madrona Publishers

ROSEVEAR, John
1967 *Pot: A Handbook of Marihuana*. New York: Lancer Books

ROTH, Lutz, Max DAUNDERER & Kurt KORMANN
1984 *Giftpflanzen – Pflanzengifte*. München: ecomed

RUBIN, Vera (Hg.)
1975 *Cannabis and Culture*. The Hague: Mouton

SCHERER, Sebastian & Irmgard VOGT (Hg.)
1989 *Drogen und Drogenpolitik*. Frankfurt/M., New York: Campus

SCHNEIDER, Wolfgang
1984 *Biographie und Lebenswelt von Langzeitcannabiskonsumenten*. Berlin: EXpress

SCHMIDBAUER, Wolfgang & Jürgen vom SCHEIDT
1984 *Handbuch der Rauschdrogen*. Frankfurt/M.: Fischer

SCHULTES, Richard Evans
1973 »Man and Marijuana« *Natural History* (Aug.-Sept.) 82(7): 58-64
1976 *Hallucinogenic Plants*, Racine, Wisc.: Western Publishing
1978 »Das Erbe der Volksmedizin« in W. THOMSON (Hg.), *Heilpflanzen und ihre Kräfte*. Bern: Colibri

SCHULTES, Richard E. & Albert HOFMANN
1980 *The Botany and Chemistry of Hallucinogens*. (Revised and enlarged Edition) Springfield, Ill.: Charles C. Thomas
1987 *Pflanzen der Götter*. (2. Aufl.) Bern, Stuttgart: Hallwag

SHIK, J. Fred E., David E. SMITH & Frederick H. MEYERS
1968 »Use of Marijuana in the Haight-Ashbury Subculture« *Journal of Psychedelic Drugs* 1(2): 49-66

SIEGEL, Ronald K.
1989 *Intoxication: Life in Pursuit of Artificial Paradise*. New York: Dutton

SILVER, Gary (Hg.) & Michael ALDRICH (Text)
1979 *The Dope Chronicles 1850–1950*. New York etc.: Harper & Row

SIMMONS, J. L.
1967 *Marihuana: Myths and Realities*. North Hollywood, CA: Brandon House

SMITH, David E. (Hg.)
1968 »Acute and Chronic Toxicity of Marijuana« *Journal of Psychedelic Drugs* 2(1): 37-47
1970 *The New Social Drug: Cultural, Medical, and Legal Perspectives on Marijuana*. Englewood Cliffs, N. J.: Prentice-Hall

SOLOMON, David (Hg.)
1966 *The Marihuana Papers*. Indianapolis etc: Bobbs-Merrill

SPINGER, Alfred
1980 »Zur Kulturgeschichte des Cannabis in Europa« *Kriminalsoziologische Bibliographie* 26-27
1982 »Zur Kultur und Zeitgeschichte des Cannabis« in W. BURIAN & I. EISENBACH-STANGL (Hg.), *Haschisch: Prohibition oder Legalisierung*, S. 34-43, Weinheim, Basel: Beltz

STAFFORD, Peter
1980 *Cannabis: Haschisch & Marihuana*. Markt Erlbach: Raymond Martin Verlag
1983 *Psychedelics Encyclopedia*. (Revised Edition) Los Angeles: Tarcher

STARKS, Michael
1981 *Marihuana Potenz*. Linden: Volksverlag

STONE MOUNTAIN [Pseudonym]
1970 *Pot Art: Marijuana Reading Matter*. Tucson, AZ: Apocryph Press

STRINGARIS, M. G.
1939 *Die Haschischsucht*. Berlin: Springer

TÄSCHNER, Karl-Ludwig
1979 *Das Cannabis-Problem: Die Kontroverse um Haschisch und Marihuana aus medizinisch-soziologischer Sicht*. Wiesbaden: Akademische Verlagsanstalt
1981 »Das Haschischproblem aus klinischer Sicht« *Deutsches Ärzteblatt* Heft 4 vom 22.1.81: 126-129
1981 *Haschisch: Traum und Wirklichkeit*. Wiesbaden: Akademische Verlagsanstalt [gekürzte Fassung von TÄSCHNER 1979]

TART, Charles
1971 *On Being Stoned: A Psychological Study of Marijuana Intoxication*. Palo Alto, CA: Science and Behavior Books

TAYLOR, Norman
1966 *Narcotics: Nature's Dangerous Gifts*. New York: Laurel

TOSSMANN, H. P.
1987 *Haschischabhängigkeit? Lebensgeschichten von Drogenkonsumenten*. Frankfurt/M.: Fischer TB

VÖLGER, Gisela (Hg.)
1981 *Rausch und Realität* (2 Bde.). Köln: Rautenstrauch-Joest Museum für Völkerkunde

WAGNER, Hildebert
1970 *Rauschgift-Drogen*. (2. Aufl.) Berlin usw.: Springer (Verständliche Wissenschaft, Bd. 99)
1985 *Pharmazeutische Biologie: Drogen und ihre Inhaltsstoffe*. (3. Aufl.) Stuttgart, New York: G. Fischer

WEIL, Andrew
1972 *The Natural Mind*. Boston: Houghton Mifflin
1980 *The Marriage of the Sun and Moon*. Boston: Houghton Mifflin
1986 *The Natural Mind* (Revised Edition). Boston: Houghton Mifflin
1988 *Health and Healing* Boston: Houghton Mifflin
1990 *Wie man gesund bleibt*. Psychologie heute Buch

WEIL, Andrew & Winifred ROSEN
1983 *Chocolate to Morphin: Understanding Mind-Active Drugs*. Boston: Houghton Mifflin

WEIL, A. T., N. E. ZINBERG & J. M. NELSON
1968 »Clinical and Psychological Effects of Marijuana in Man« *Science* 162 (Dec.): 1234

WHEELWRIGHT, Edith Grey
1974 *Medicinal Plants and Their History*. New York: Dover

WOGGON, B.
1974 *Haschisch – Konsum und Wirkung*. Berlin: Springer

WOLSTENHOLME, Gordon & Julie KNIGHT (Hg.)
1965 *Hashish: Its Chemistry and Pharmacology*. London: Churchill (CIBA Foundation Study Group No. 21)

ZEHENTBAUER, Josef
1992 *Körpereigene Drogen*. München, Zürich: Artemis & Winkler

ZINBERG, Norman E.
1984 *Drug, Set, and Setting*. New Haven, London: Yale University Press

ZINBERG, N. E. & A. T. WEIL
1976 »A Comparison of Marijuana Users and Non-Users« *Nature* 266: 119-123

Verzeichnis der Krankheiten und medizinischen Systeme

Gedächtnisstörung	Südostasien
Gelbsucht	Alchemie, Ayurveda, Homöopathie, Selbstmedikation, Tibet, Volksmedizin
Geschwüre	China, Hildegard-Medizin, Südostasien
Gicht	Antike, Ayurveda, China, Rußland, Tibet
Glaukom	Pharaonen, Rastafaria, Schulmedizin, Selbstmedikation
Gliederschmerzen	Germanen, Tibet, Väter der Botanik
Gliederzittern	Alt-Orient
Gonorrhoe	Ayurveda, Homöopathie, Islam
Grippe	Rastafaria
Gürtelrose	Volksmedizin
Haarausfall	Volksmedizin
Haarschuppen	Ayurveda, Islam
Hämorrhoiden	Ayurveda, China, Südostasien, Tibet
Hautausschläge	China
Hepatitis	Selbstmedikation
Heroinsucht	Schulmedizin
Herpes	Antike, Schulmedizin
Höhenkrankheit	Schamanismus, Tibet
Husten	Alchemie, Ayurveda, Homöopathie, Japan, Schwarzafrika, Südostasien, Tibet, Väter der Botanik, Volksmedizin
Hydrophobie	Schulmedizin
Hysterie	Homöopathie
Impotenz	Alt-Orient, Ayurveda, Homöopathie
Juckreiz	Ayurveda, Tibet
Keuchhusten	Ayurveda, Volksmedizin
Koliken	Alchemie, Brasilien, Curanderismo, Homöopathie
Konzentrationsstörungen	Ayurveda
Kopfflechten	China
Kopfschmerzen	Alchemie, Ayurveda, Islam, Rußland, Schwarzafrika, Selbstmedikation
Krämpfe	Ayurveda, Curanderismo, Schulmedizin, Südostasien, Tibet, Volksmedizin
Krebs	Rastafaria, Schulmedizin, Schwarzafrika, Selbstmedikation
Läuse	Ayurveda
Leibschmerzen	Alt-Orient, Väter der Botanik
Leistenbruch	Ayurveda
Laxans	China, Japan
Lebererkrankungen	Tibet
Lepra	Curanderismo, Südostasien, Tibet
Lungenentzündung	Homöopathie
Magenprobleme	Alt-Orient, Hildegard-Medizin, Japan, Tibet
Manie	Ayurveda
Malaria	Ayurveda, China, Schwarzafrika, Südostasien
Menstruationsprobleme	Ayurveda, Brasilien, China, Südostasien
Migräne	Ayurveda, Selbstmedikation, Südostasien
Milzbrand	Schwarzafrika
Milzerkrankungen	Japan
Mittelohrentzündung	China
Multiple Sklerose	Schulmedizin, Selbstmedikation
Muskelspasmen	Curanderismo, Schulmedizin, Selbstmedikation

Hanf-Substituenten

So wie ein europäischer Apotheker in einem Arzneimittelverzeichnis für Substituenten nachlesen kann, welches Ersatzmittel er seinem Kunden anbieten kann, so gibt es auch für Hanfpräparate traditionelle Substituenten in anderen Kulturen oder medizinischen Systemen.

Substituent	Kultur/System	Wirkstoffe	Referenz
Anhalonium *Lophophora williamsii*	Homöopathie	[Meskalin]	Boericke 1992
Dagga (wilde) *Leonotis leonurus*	Südafrika	?	Du Toit 1975
Hedysarum *Hedysarum ildefonsianum*	Homöopathie	?	Boericke 1992
Kratom *Mitragyne speciosa* *Grangea darerasparana*	Thailand	Alkaloide	Martin 1975
Leinsamen *Linum usitatissimum*	Chinesische Medizin	organische Säuren, Öl	Paulus & Yu-He 1987
Maconha brava *Cestrum laevigatum*	Brasilien	Saponine	Schultes & Hofmann 1980
Macuchi *Nicotiana glauca*	Mexiko	Alkaloide, Nikotin	Reko 1936: 62
Patagallina (Kanef) *Hibiscus cannabinus*	Kolumbien	?	Rubin 1975: 160
Stachelmohn (Chicalote) *Argemone mexicana*	Mexiko	Opiate	Rätsch 1988: 138
Wermut *Artemisia mexicana* *Artemisia spp.*	Mexiko	Thujon, ätherisches Öl	Rätsch 1988: 40
Zacatechichi *Calea zacatechichi*	Mexiko (Chiapas)	Bitterstoffe, ätherisches Öl	Diaz 1979

Dank

Als Autor des zwanzigsten Jahrhunderts ist man kaum mehr als ein Wiederentdecker und Kompilator des ohnehin schon Bekannten und des alten Wissens. Dennoch kann man an dieser und jener Stelle eine Wissenslücke füllen. Doch auch dazu ist man auf die Informationen anderer Menschen angewiesen. Ich habe mich sehr bemüht, die mir zur Verfügung stehenden Quellen in den entsprechenden Literaturverzeichnissen anzugeben. Manche Informationen habe ich bei diversen Feldforschungen und Expeditionen zusammengetragen. Dabei waren mir vor allem Dennis Alegre (Philippinen), Rosemarie K. Kern (Dakota), S. Orito (Japan), Count Ossie Urchs (hier und da) und Mateo viejo (Naha'/Mexiko) behilflich. Manche Informationen wurden mir von Freunden und Kollegen zugänglich gemacht. Viele Hinweise, Sonderdrucke, Zeitungsausschnitte, Bücher, Fotokopien, Adressen usw. habe ich von Dr. John Baker, Dr. Andrea Blätter, Dr. Peter Baumann, Prof. Dr. Adolf Dittrich, Dr. Marlene Dobkin de Rios, Dr. William Emboden, Dr. Peter Heß, Dr. Dr. h.c. mult. Albert Hofmann, Prof. Dr. H. Laatsch, Terence McKenna, Dr. Maya Maurer, Dr. Ralph Metzner, Helmut Oberlack, Prof. Dr. Christian Scharfetter, PD Dr. Wolf-Dieter Storl, Herman de Vries und Dr. Andrew Weil erhalten. Tausend Dank allen zusammen!
Besonderer Dank gebührt Claudia Müller-Ebeling, dem Europäischen Kollegium für Bewußtseinsstudien (ECBS), der Albert Hofmann Foundation, Botanical Dimensions und der Akademie der Neuen Berserker.

Angesichts des Themas wurden mir bestimmte Daten unter dem Siegel der Verschwiegenheit vermittelt. Allen namenlosen Kiffern in aller Welt, die mir über ihre medizinischen Erfahrungen berichtet haben, möchte ich besonders danken. Ohne sie wäre mir niemals die universelle Bedeutung von Hanf als Heilmittel klar geworden! Dank auch an Richter Wolfgang Neskovic, dessen Vorstoß mir Mut bei der Niederschrift des vorliegenden Manuskriptes machte. Schließlich möchte ich mich bei meinen Freunden und Verlegern Werner Pieper und Roger Liggenstorfer für Ehrlichkeit, Engagement und Enthusiasmus bedanken.

CHRISTIAN RÄTSCH wurde 1957 in Hamburg geboren. Er studierte an der Universität Hamburg Altamerikanische Sprachen und Kulturen, Ethnologie und Deutsche Volks- und Altertumskunde. Während des Studiums verbrachte er an die drei Jahre im südmexikanischen Regenwald, um die Sprachen der Maya und Lakandonen und deren Heilkunst zu erlernen. Er schloß sein Studium mit einer Dissertation zum *Erlernen von Zaubersprüchen – Ein Beitrag zur Ethnomedizin der Lakandonen* (erschienen in Berlin 1985) ab. Danach schrieb er mehrere Bücher, denen die gesammelten Forschungsergebnisse und die Erfahrungen in vielen Ländern zugrunde liegen (u. a. *Bilder aus der unsichtbaren Welt, Kinder des Regenwaldes, Namaste Yeti*). Er erforschte in der Folgezeit besonders Gebrauch und Bedeutung von Pflanzen, Steinen und Tieren in der menschlichen Kultur. Diese Forschungen brachten ihn in viele Länder der Erde (Nepal, Guatemala, Thailand, Indonesien, Philippinen, USA, Seychellen, Japan). Daraus resultierten wiederum verschiedene Bücher: *Isoldens Liebestrank* (zusammen mit Claudia Müller-Ebeling), *Indianische Heilkräuter* (3. Aufl. 1992), *Lexikon der Zauberpflanzen, Lexikon der Zaubersteine, Pflanzen der Liebe, Die »Orientalischen Fröhlichkeitspillen«, Von den Wurzeln der Kultur.* Einige seiner Werke wurden ins Englische und Italienische übersetzt. Er hat Lehraufträge zur Ethnologie und viele Gastvorlesungen zu den Themen seiner Forschungen gehalten (u. a. an der Universtity of California, im Esalen Institute). 1988 hat er Filmaufnahmen im Lakandonenwald (Mexiko) für den WDR geleitet. Er ist der Herausgeber der Festschrift für Dr. Albert Hofmann (*Gateway to Inner Space*, 1989: *Das Tor zu inneren Räumen*, 1992), der Herausgeber der Schriftenreihe *Ethnomedizin und Bewußtseinsforschung* (seit 1985), ethnologischer Beirat des Europäischen Collegiums für Bewußtseinsstudien (ECBS), Gründungsmitglied der Akademie der Neuen Berserker (Umweltschutz auf spiritueller Grundlage) und arbeitet beim Mineralien Zentrum, Hamburg.

Christian Rätsch (Hg.)
Jahrbuch für Ethnomedizin und Bewußtseinsforschun
Yearbook for Ethnomedicine and the Study of Consciousness

ISSN 0942-1408

Jahrbuch Nr. 1 (1992)
ISBN 3-927408-81-6

Jahrbuch Nr. 2 (1993)
ISBN 3-927408-85-9
in Vorbereitung

Abopreis: DM 68,– je Band
Einzelband: DM 78,--

Ethnomedizin ist die Erforschung fremdkultureller medizinischer Konzepte (Kosmologie, Ätiologie), Verhaltensweisen (Rituale) und Produkte (Drogen, Amulette). Bewußtseinsforschung ist die Erforschung unseres eigenen Bewußtseins. In beiden Disziplinen ist unser eigenes Bewußtsein das eigentliche Forschungsinstrument. Es handelt sich sozusagen um eine Selbsterforschung und Selbsterkenntnis auf mehreren Ebenen. Je besser wir das Fremde verstehen, desto besser erkennen wir uns selbst. In diesem Jahrbuch geht es um die gegenseitige Befruchtung. Sowohl die Ethnomedizin als auch die Bewußtseinsforschung bilden ein interdisziplinäres Forschungsfeld für Anthropologen, Linguisten, Soziologen, Kunsthistoriker, Geomanten, Chaosforscher, Ethnopharmakologen, Ethnobotaniker, Pharmazeuten, Botaniker, Chemiker, Mediziner, Psychiater und Psychologen.
Die Aspekte ethnomedizinischer Systeme, die in erster Linie mit dem menschlichen Bewußtsein und dessen verschiedenen Zuständen, den sog. *Altered States of Consciousness* verbunden sind, bilden den Gegenstand dieses Jahrbuches. Es versammelt bewußt unterschiedliche Ansätze aus der Wissenschaftsphilosophie, kognitiven Anthropologie, Sozialanthropologie, Ethnomykologie, Mykologie, Phänomenologie, Medizin, Psychoanalyse und Ethnopharmakologie.
Wir möchten mit diesem Jahrbuch ein Forum für die interdisziplinäre Bewußtseinsforschung im Lichte der Ethnomedizin schaffen. Es soll für viele Denkansätze offen sein und zur interdisziplinären Forschung anregen. Es soll auch Beiträge zur aktuellen wissenschaftlichen oder auch politischen Diskussion bieten.

Jahrbuch 1 (1992): mit Beiträgen von:
John W. Allen; Andrea Blätter; Paul Devereux; William A. Emboden; Jochen Gartz; Lester Grinspoon; Albert Hofmann; Ludwig Janus; Mark D. Merlin; Terence McKenna; Ralph Metzner; Peter Meyer; Christian Rätsch; Richard Yensen.

VWB – Verlag für Wissenschaft und Bildung

Amand Aglaster • Markgrafenstr. 67 • W - 1000 Berlin 61
Tel. 030/251 04 15 • Fax 030/251 04 12

A JOINT VENTURE

»Ich bin der festen Überzeugung, daß die Drogenpolitik in diesem Lande anders laufen würde, wenn es gelänge, die zutreffenden Informationen publik zu machen. Die gegenwärtige Drogengesetzgebung läßt sich nur deshalb praktizieren, weil in der Bevölkerung ein entsprechendes Informationsdefizit herrscht.«

Richter Wolfgang Neskovic,
Landgericht Lübeck 1992

Um dieses Defizit abzubauen, publizieren die beiden Verlage NACHTSCHATTEN in der Schweiz und WERNER PIEPER'S MEDIENEXPERIMENTE in Deutschland seit vielen Jahren Bücher zur Aufklärung über psychoaktive Substanzen und Pflanzen und ihre Wirkungen. Nun haben sie sich zu einem JOINT VENTURE zusammengetan.
Unsere westliche Kultur hat verlernt, wie man mit bewußtseinsbewegenden Zuständen umgeht. Uns fehlen die dazugehörige Tradition und das Wissen. Wissen ist Macht.
Macht nix? Politiker sind auf die weltfremden Thesen von Paragraphenreitern und Fehlinformationen der Presse angewiesen. »Uns fehlen Forschungsergebnisse«, klagen sie, nachdem sie die Forschung unterbunden haben, diese Schlaumeier. »Keine Macht den Drogen« propagieren sie. Wir aber meinen: **KEINE MACHT DEN DOOFEN!**

- Früchte dieser Zusammenarbeit finden sich in diesem Katalog.
- Des weiteren wird demnächst eine Auswertung unserer großen Umfrage für Haschischraucher, der Aktion HANF & FUSS, als Büchlein erscheinen.

UNSER ZIEL: DAS WISSENSNIVEAU HEBEN,
GLAUBHAFT AUFKLÄREN ZU HELFEN,
ZUM WOHLE ALLER!
SUCHT: NEIN DANKE!
VERÄNDERTE BEWUSSTSEINSZUSTÄNDE: JA, GERNE!

A JOINT VENTURE

NACHTSCHATTEN VERLAG
Ritterquai 2 - 4
CH - 4502 Solothurn
Fax 065 - 22 03 50

MEDIENEXPERIMENTE
Alte Schmiede
D - 69488 Löhrbach
Fax 0 62 01 - 2 25 85

ReEDUCATION

Albert Hofmann

NATURWISSENSCHAFT & MYSTISCHE WELTERFAHRUNG

Eine Volkspredigt
Der Grüne Zweig 150

»Eine tiefe Liebe zur Natur seiner Heimat weckte sein Verlangen, durch die Chemie tieferen Einblick in den Bau und das Wesen der materiellen Welt zu gewinnen.«

Herausragend unter seinen vielen Entdeckungen war die Substanz LSD. In Form einer Volkspredigt schildert der heute über 80jährige in diesem Heft seinen philosophischen Hintergrund. Ergänzung, nicht Ausschluß heißt die Devise: »Was ist wahr, das Bild der Wirklichkeit, das uns die Naturwissenschaften erschließen, oder jenes, das der Mystiker in seiner Schau erlebt? So kann man nur fragen, wenn man meint – und das ist wohl die allgemein vorherrschende Meinung – Naturwissenschaft und mystische Welterfahrung würden sich erkenntnismäßig ausschließen. Das ist aber nicht der Fall. Im Gegenteil, Naturwissenschaft und mystische Welterfahrung ergänzen sich. Das aufzuzeigen, ist der Sinn meiner Ausführungen.« *Albert Hofmann*

ISBN 3-925817-50-6, 28 S., 5 DM/7 SFR/45 ÖS

Ralph Metzner

SUCHT UND TRANSZENDENZ

als Bewußtseinszustände in buddhistischer und westlicher Psychologie
Der Grüne Zweig 158

In den 60er Jahren als »rechte Hand Learys« bekannt geworden, gilt Metzner heute als einer der führenden Vertreter der spirituell/grünen Fraktion in den USA. Der hier vorgelegte Text wurde von ihm als Abschlußvortrag des 1. Int. Kongresses des Europäischen Collegiums für Bewußtseinsstudien »Welten des Bewußtseins« im September 1992 in Göttingen gehalten. Wo zieht man die Grenze zwischen Gewöhnung und Sucht? Ist Sucht ein Zustand eingeengten Bewußtseins? Wenn die Erfahrung die Mutter aller Wissenschaften ist, wer ist dann der Vater? Kann Meditation zur Sucht werden und was für Implikationen birgt das für den Einzelnen?

Übersetzt von Gunther Seipel.
Erscheint im Herbst 1993.
ISBN 3-925817-58-1,
32 Seiten, 5 DM/7 SFR/45 ÖS

Tony Bührer

HASCHISCH-INFO

Eine Studie zur Klassifizierung von Cannabis (Konsum, Anbau, Kleinhandel) als Bagatelldelikt im Ordnungsbußen Schnellverfahren
Der Grüne Zweig 125

»Da eine Legalisierung des Haschisch je länger je mehr zur Unwahrscheinlichkeit wird ... möchte ich mein Alternativmodell, zur Diskussionsbildung, bekannt machen. Mir geht es vor allem um die größtmögliche Minderung eines tatsächlichen Unrechts und um eine diesbezügliche Sensibilisierung weitester Bevölkerungsteile, inkl. Justiz und Polizei.«
Nicht-Kiffer Bührer hat fleißig Pro & Contra Argumente gesammelt und in einer liebenswürdigen Sprache festgehalten.

ISBN 3-925817-25-5,
36 Seiten, 5 DM/7 SFR/45 ÖS